JN212601

何やってもダメな日だって
生きてるだけで偉いから

毎日は生存記念日

なおにゃん

たいへん
よくでき
ました

ワニブックス

はじめに

はじめまして。
なおにゃんと申します。
この本を手に取ってくださり、
ありがとうございます！

自分は、学生時代から
人の目を気にしすぎたり、
集団になじめなかったりと、
いろいろなことに悩んできました。

今日も
誰とも
話せなかった…

就職してからも職場環境に悩み、
うつと適応障害を発症。
二度の休職を経て、
会社を辞めることに……。

今はそんな自分の経験をもとに、
SNSでメンタルに関する
発信をしています。

どんより…
くすり

現代はＳＮＳの普及もあり、
悩みを持つ人が増えているのではないでしょうか。
自分のＳＮＳにも、
フォロワーさんから
お悩み相談を頂くことがあります。

けれど、

「こんな小さなことで悩んでいいのだろうか」

「世の中には自分よりもっと大変な人がいるのに……」

そんなふうに自分の悩みを
否定してしまう人っていると思います。

でも……。
自分の悩みは、結局自分にしかわからない。
悩みに大きさなんてないんじゃないでしょうか。

お金持ちであろうと、美しかろうと、
大切な人の死の前では等しく苦しいし、
失恋したら等しく悲しい。
立場なんて関係ないと思うのです。

悩みの前では、
ある意味、みんなが平等で、
悲しい時は、悲しいし、苦しい時は、
苦しいんだと思います。

たとえ、それが
他から見たらどんなに
ちっぽけなことだったとしても、
本人が悩んでいるのなら、
否定なんかしなくていい。
自分のつらさは
自分にしかわからないのだから。
悩むあなたは悪くない。
強くそう思うのです。

本書には、自分がこれまでに悩んだことや、
近くにいる人やSNSを通して頂いた
お悩みについて、
自分なりの考え方を書いてみました。

この本が、同じような悩みを持つ人にとって
少しでも役にたつと嬉しいし、
悩みを共有することで悩んでいるのは
あなた一人じゃないんだよと、
少しでも心が
ラクになってくれたら嬉しいです。

なおにゃん

CONTENTS

Chapter 1 人間関係

Chapter 2

仕事&勉強

Chapter 3

自分

登場人物紹介

メンタル強者猫

低空飛行うさぎの友達。明るい性格でメンタルが強い。元ギャル。

低空飛行うさぎ

なおにゃんの分身的存在。気にしすぎる性格で悩みやすい。強いメンタルに憧れている。

ねずみ先輩

低空飛行うさぎの大学の先輩。自由を愛する引きこもり。

くま

低空飛行うさぎの元同僚。優しい性格で共感力が高い。

悩みごとのほとんどは人間関係なんじゃないかと思います。

友達や家族との付き合いはもちろん、最近はSNS上で見ず知らずの人と接する機会も増え、より一層人間関係が複雑化しているのではないでしょうか。

この章では「キラキラしている人と比べて落ち込んでしまう」「友達の成功に嫉妬してしまう」など、自分の経験を踏まえていろんな悩みにお答えしています。

Chapter

1

人間関係

キラキラしている人と比べて落ち込んでしまう

01

スマホをパッと開けば、何やらキラキラした人たちが、キラキラした場所でキラキラしたことをしている情報が当たり前のように目に飛び込んでくる現代。

その反面、今日も一歩も外に出ず、一日布団の中で過ごしてしまった、何をやっているんだろう……と絶望的な気分になるのは、自分も日常茶飯事である。

でも、そんな時に思うようにしているのは、「じゃあ実際、その人たちみたいになりたいか？」ということ。

例えば、華やかな場所で人気者たちが飲み会をしている写真を見た時、一瞬うらやましいと感じるけれど、実際にそこに行きたいかといったら、正直面倒くさいのが本音。だって、おしゃれして無理に人に会うよりも、家でゴロゴロしていたい。高い飲み代を払うよりは、コンビニでいろんな種類のアイスを買って何を食べようか迷っていたい。

憧れはするけど、実際に自分がなってみたら意外と大変だったりするのが他人という存在。「実際はどう？」を想像する癖をつけるといいのかも。


隣の芝生は青く見えるけど、実際に住んだら面倒くさそう。

案外、今の自分が幸せだったりするのかも。

02 友達同士で悪口を言い合うのがつらい

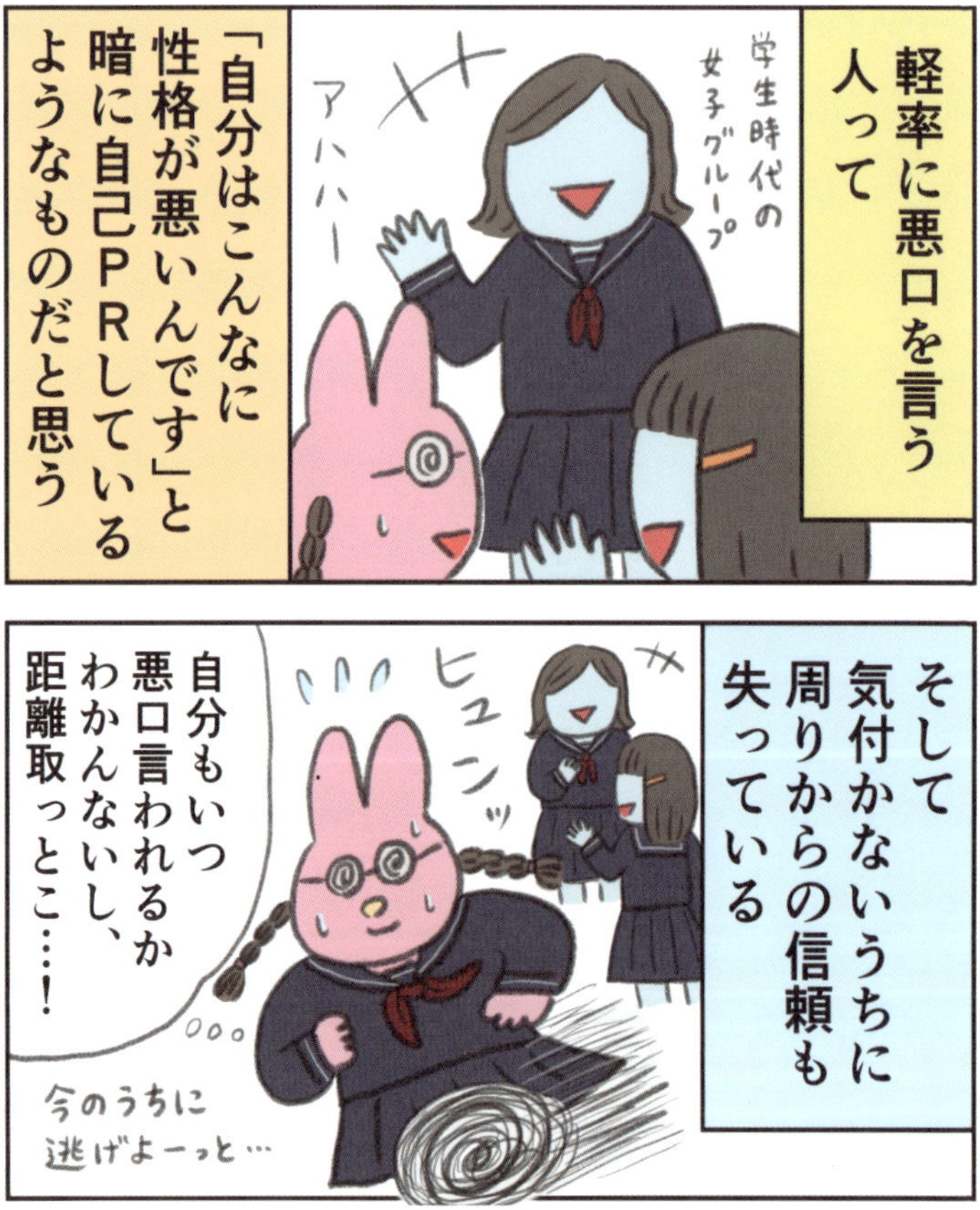
軽率に悪口を言う人って
学生時代の女子グループ
アハハー
「自分はこんなに性格が悪いんです」と暗に自己PRしているようなものだと思う
そして気付かないうちに周りからの信頼も失っている
ヒュンッ
自分もいつ悪口言われるかわかんないし、距離取っとこ…！
今のうちに逃げよーっと…

高校生の方からこんなお悩みを頂いた。

学校で女の子同士の悪口の言い合いがある。正直、悪口を言いたくないけれど、悪口を言わないと空気が読めない奴みたいになるのがつらい。

うわぁ、そういうのあるよね。確かに、女の子同士の関係性って、悪口を言い合うことでお互いの絆を確かめ合うみたいな習性があるし、みんなが悪口を言っている中で自分だけが悪口を言わないのってなんだかスカしているみたいで、正直勇気がいる。

でも大人になってから思うのは、人の悪口はできるだけ言わない方が結局「得だよな」ということ。

というのも、悪口を言っている人って、ある意味、自分はこんなに人のことを嫌える人間なんですよと、自分で悪い自己PRをしている状態になっているから。

別にいい人じゃなくていい。悪口だって言っていい。ただ、特に言いたくもない悪口だったら、できるだけ言わないでいた方が自分にとって「得」だよな、と思います。


実際周りを見ていても、たくさんの人に信頼されている人って、人の悪口を言わない人なんだよね。尊敬する…。

03 返信が遅いと「嫌われたのではないか」と不安になる

友達や仕事相手からの返信が遅いと、嫌われてしまったんじゃないかと不安になってしまうというお悩みを頂いた。

自分も同じような経験があるからわかる。直接嫌いと言われたわけではないのに、自分の内側からわいてくる不安という感情に飲み込まれ、嫌われたんだと勝手に思い込み、激しく落ち込んでしまう。自分の不安をコントロールできなくなってしまう。こうなってしまった時、一番いいのは、半ば強制的にスパッと思考を切り替えることだと思う。オードリーの若林さんが「ネガティブを潰すのは没頭だ」と言っていたように、不安に押しつぶされそうになった時は、何か別のことを始めて没頭するのが一番いい。

自分は不安に飲み込まれそうになった時は、お笑いの動画を見たり、推しが踊る動画をひたすら見て、不安になる対象から一旦思考と目をそらすようにしている。

何かに没頭しているうちに、時間が流れて自分の心も落ち着いてくる。そして、そのうち相手から返事も来るから、大丈夫……！

思い切って場所を変えるのもいい。悩んでいた場所から物理的に離れて、カフェに行ったり、買い物に行ったりして、意識的に切り替えを図ろう～。

人からの誘いを断れない

04

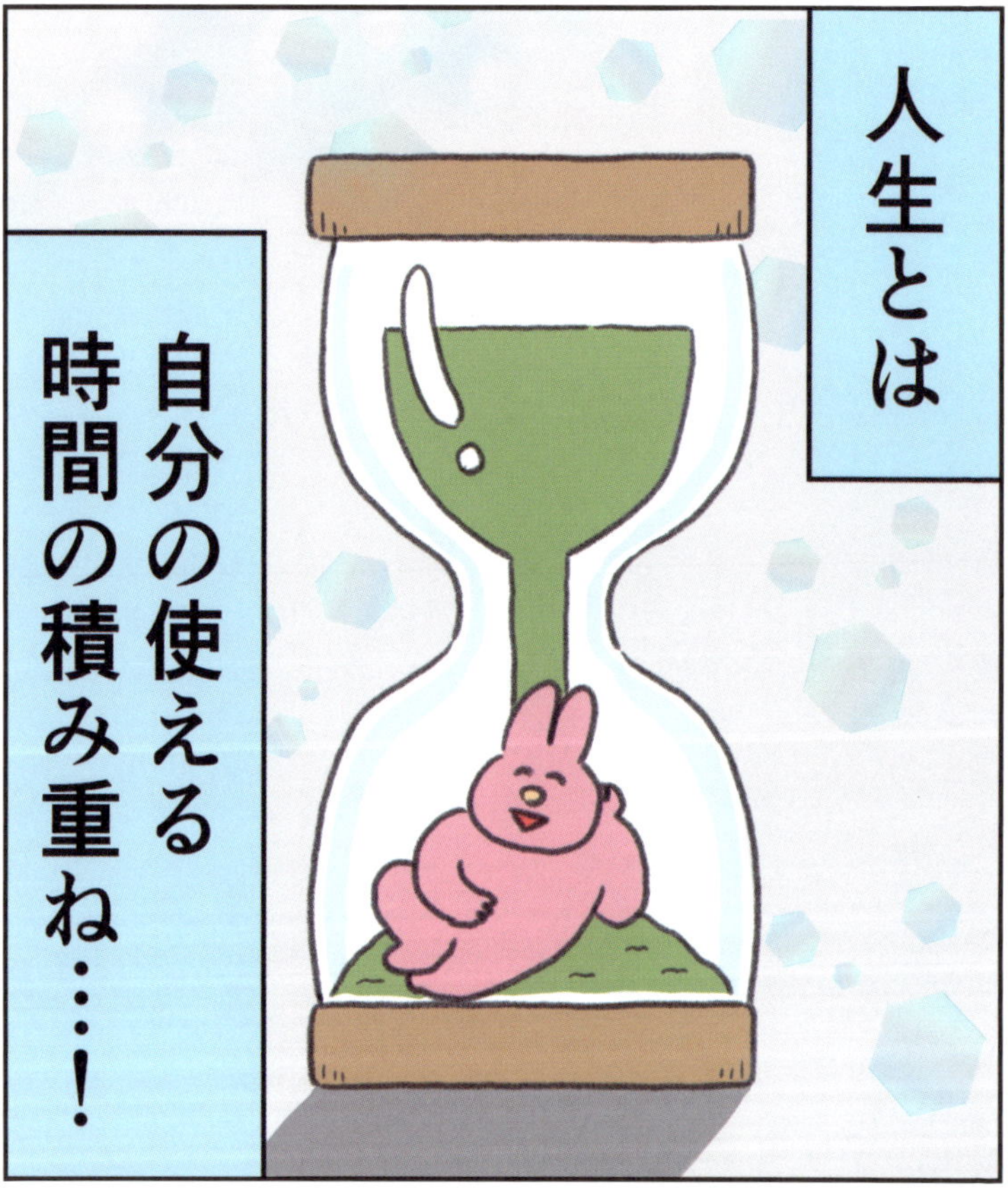
人生とは
自分の使える
時間の積み重ね…！

夏も近づく季節になると、祭りやライブ、フェスにビアガーデンなど、イベントごとが多くなる。楽しみだなと思う反面、正直、誘われても気乗りしない時もある。

実際、人からの誘いを断るのが苦手という人も多いのではないだろうか。

自分の場合はそもそも友達が少ないので、人から誘われること自体がほとんどないのだが、それでもごくたまにイベントや飲み会に誘われることもあり、失礼ながら、どうやって断ろうかと頭を悩ませる時がある。

人付き合いも大切だし、断ることで相手から嫌われたらどうしよう……。

いろいろと頭を悩ませる。でも、そういう時に思い出すのは、自分の人生とは、自分の使える時間の積み重ねでできているということだ。

本心では行きたくないのに、その気持ちを押し殺して時間を使うのは、ある意味自分の人生を生きていない。相手のために自分の人生を消耗している状態になっている。

自分の人生は自分のもの。気乗りしない誘いは、できるだけ断る勇気を持ちたい。

もし誘いを断っただけで相手から嫌われるのであれば、
その程度の関係性だったと思って諦めるのも大事だね…！

友達の話題に入れなくて さみしい

05

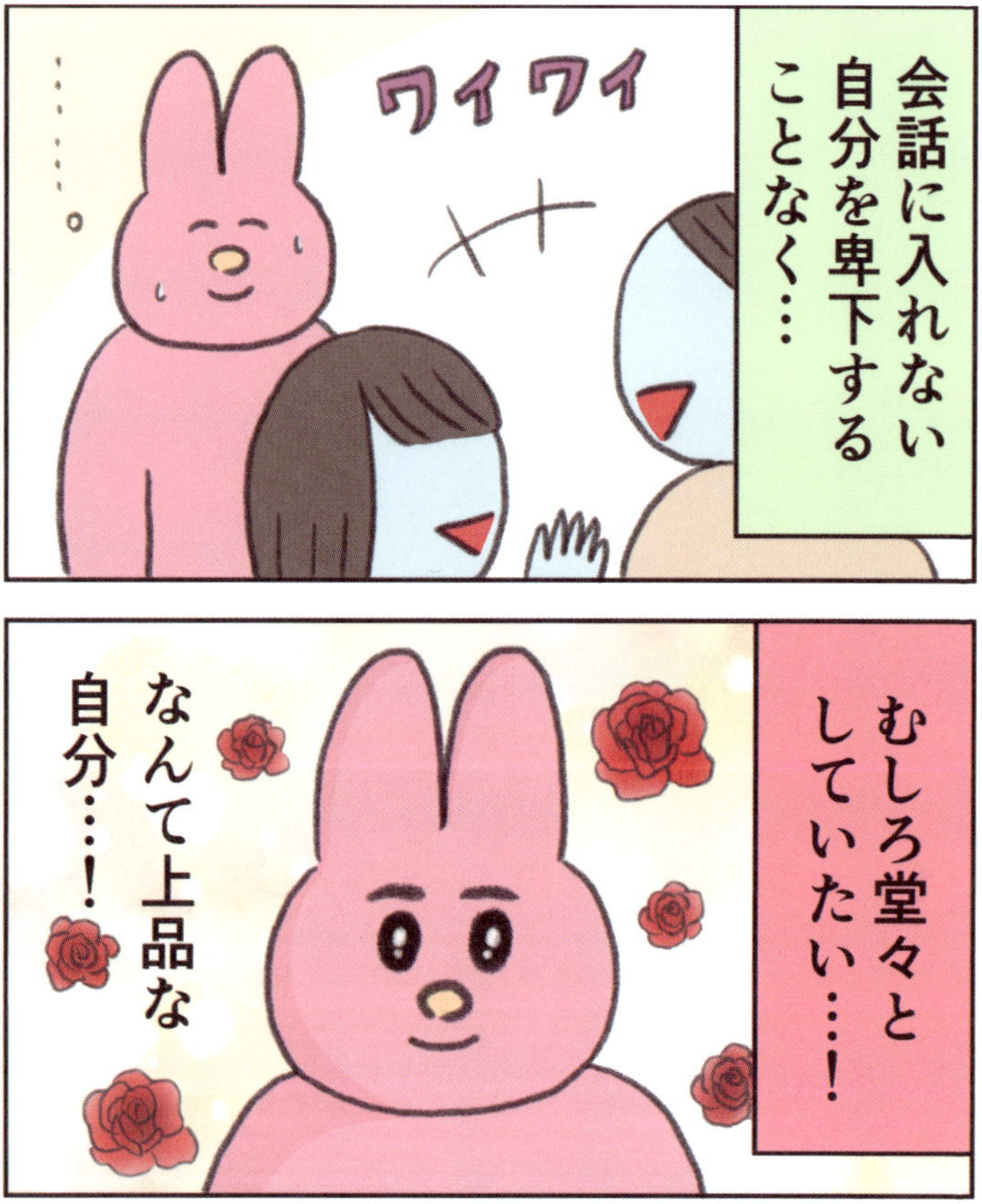
会話に入れない
自分を卑下する
ことなく…
ワイワイ
……。
むしろ堂々と
していたい…！
なんて上品な
自分…！

自分の育った家庭は、ドラマや音楽番組を観ることをなぜか禁じられていた。なので、その当時、同級生のみんなが観ている話題のアニメやドラマなどが全くわからず、話の輪に入ることができなかった。自分の知らない話題を聞いている時間は苦痛だし、早くこの話題が終わってしまえばいいのにといつもさみしい気持ちでいた。

でも先日、仕事先の人と話していて、この話題になった時、こんなことを言われた。

「みんなでおしゃべりをしている時、盛り上がっている人に対して、話を聞いてあげている人って素敵だと思うの。そういう人がいるとなんだか落ち着くし、品があるのよね」

そうなのか、と思った。確かに、話に入れなくても傍でウンウンと人の話を聞いてあげられる人って寛大さを感じる。それに聞き役の人がいるから、話している人たちも盛り上がれるし、そういう風に見ている人もいるんだなと思うとなんだか少しホッとした。

無理に話に入らなくても大丈夫。人の話を聞いてあげられる人はきっと寛大で上品な人。そう思ってくれている人もいるし、自分でそう思っておこう……！

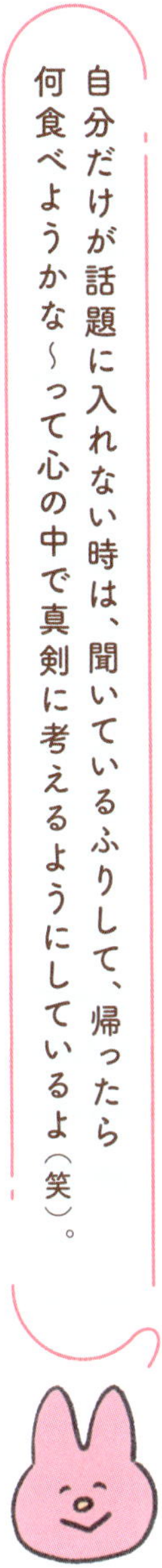
自分だけが話題に入れない時は、聞いているふりして、帰ったら何食べようかな～って心の中で真剣に考えるようにしているよ（笑）。

SNSで心ない言葉を言われた時は

06

SNSをやっていると、時にはどうしても自分の意見とは相容れない、心ない言葉をぶつけてくる人と出会ってしまうことがある。実生活で関わることのない赤の他人に、よくもそんなエネルギーを使えるものだなぁと驚くと同時に、やはりくらった瞬間はグサッとくるし、時には傷ついてしまうこともある。

いわゆるクソリプと呼ばれるものであるが、こういう言葉をぶつけてくる人って一体どんな人なのだろうと、恐る恐るその人のホーム画面に飛んでみると、大抵が自分以外の人にもネチネチ文句を言っている。要はクソリプを飛ばす人って、相手は誰でもいいし、どこにでもわいてくる存在なんだなと思った。

クソリプって、たとえるなら、チリやホコリのようなものなのかもしれない。普段からチリやホコリはそこらへんに舞っているし、通りかかった自分の衣服にたまたまついてしまっただけ。パッパッと手で払いのければ済むし、心ない言葉もそれと同じ。気にしたくないし、悩んでいる人がいたら、できるだけ気にしないで欲しいなと思う。

パッとミュートかブロックをして、その記憶ごとなかったことにしよう…！

07 大人になると友達ができない

大人になると、本当に友達ができなくなる。

子供の頃は、学校のクラスや部活動で、否が応でも何らかのコミュニティに属するので、自然と友達と呼べる人ができたりする。でも大人になると、人間関係は主に仕事での付き合いになるので、なかなか心を開けず、友達という存在ができにくくなる。

特に自分はフリーランスで、ほとんど引きこもりの生活をしているので、ますます交友関係が狭くなる。一時期、あまりのさみしさに、自分が興味のあるイベントに足を運んだりして、交友関係を増やそうと試みたが、結局、友達と呼べる人はできなかった。

それに、大人になればなるほど、人との距離感にも敏感になる。

自分は相手と仲良くなりたいと思っていても、相手が迷惑だったらどうしようと想像を膨らませて自分から距離をとってしまうこともある。実際、傷ついた経験も多かった。

でも傷つくことを恐れていたら、人間関係は始まらない。むしろ傷つくだけで済むのだと思って、自分から積極的に声をかけていこうと最近では思い始めた。

うまく話せなくてもどうせ人はすぐに忘れちゃうんだから。積極的に人と話していこう～（と自分に言い聞かせている）。

08 理不尽な対応をされて モヤモヤが消えない

生きていると、時折、予告なしに突然の「理不尽」をくらうことってある。
自分はSNSをやっていて、「消えろ！」といった、突然訳のわからないいらだちをぶつけられたことがある。

その時はあまりにびっくりしたので、どうしてそんなことを言うのだろうとダイレクトメッセージで理由をとことん聞いてみたら、「生理前だったから」「イライラしていたから」とのこと。そんな個人的な理由で見ず知らずの人に怒りをぶつけるなんて、SNSはとんでもない理不尽爆弾が埋まっているものだなぁと思いつつ、その人をブロックした経験がある。

見ず知らずの人から受ける理不尽は、確かにしんどい。

でもそういうものって、スコールや雷のようなものだと思ったらどうだろうか。たまたまそこに居合わせただけでくらってしまうのはつらいけど、ほら、相手は自然。同じ土俵に立たなくていい。やり過ごせたら自分に美味しいご褒美を与えよう……。

理不尽をぶつける相手とは、同じ土俵に立たなくていい。自然現象だから仕方なし…。

09 励ましたいのに、どんな言葉をかけたらいいのかわからない

今、実はあなたを励ましたいんだけどどんな言葉をかけたらいいのかわからないんだ…
どんな言葉が嬉しいですか…？
言葉選びが下手でごめんね…
わからないこと含め気持ちを正直に伝えてみる

以前、友人が悩んでいた。その友人はとても優秀で、有名な某外資系企業で働いていたものの、仕事の忙しさから体調を崩し休職することになり、とても落ち込んでいた。自分もうつで二度休職をしたことがあるので、休職をするつらさはわかる。励ましたかったが、優秀で仕事に対して情熱や責任感を持っている友人に対し、怠惰でやる気もない自分が共感の言葉をかけたところで、逆に失礼なのではないか。そんなことを考えていたら、何も言えなくなってしまった。そこで、正直にこう聞いてみることにした。

「今、あなたを励ましたいんだけど、どんな言葉をかけたらいいのかわからない。どんな言葉が嬉しいですか……?」

我ながらバカみたいだと思うが、これが案外良かった。友人は笑ってくれて、寄り添ってくれたら嬉しいと素直に言ってくれた。本当の意味での励ましって、言葉の内容の良し悪しではないのかもしれない。「今、目の前にいる自分があなたを元気づけたいと思っている」という気持ちをまっすぐ伝えることが一番大切なのかなと思った。


小難しく考えすぎずに、自分が相手を大切に思っているということ。励ましたい気持ちがあるということ。それがまっすぐ伝わればオッケ〜！

10 相手の気持ちを想像して勝手に傷ついてしまう

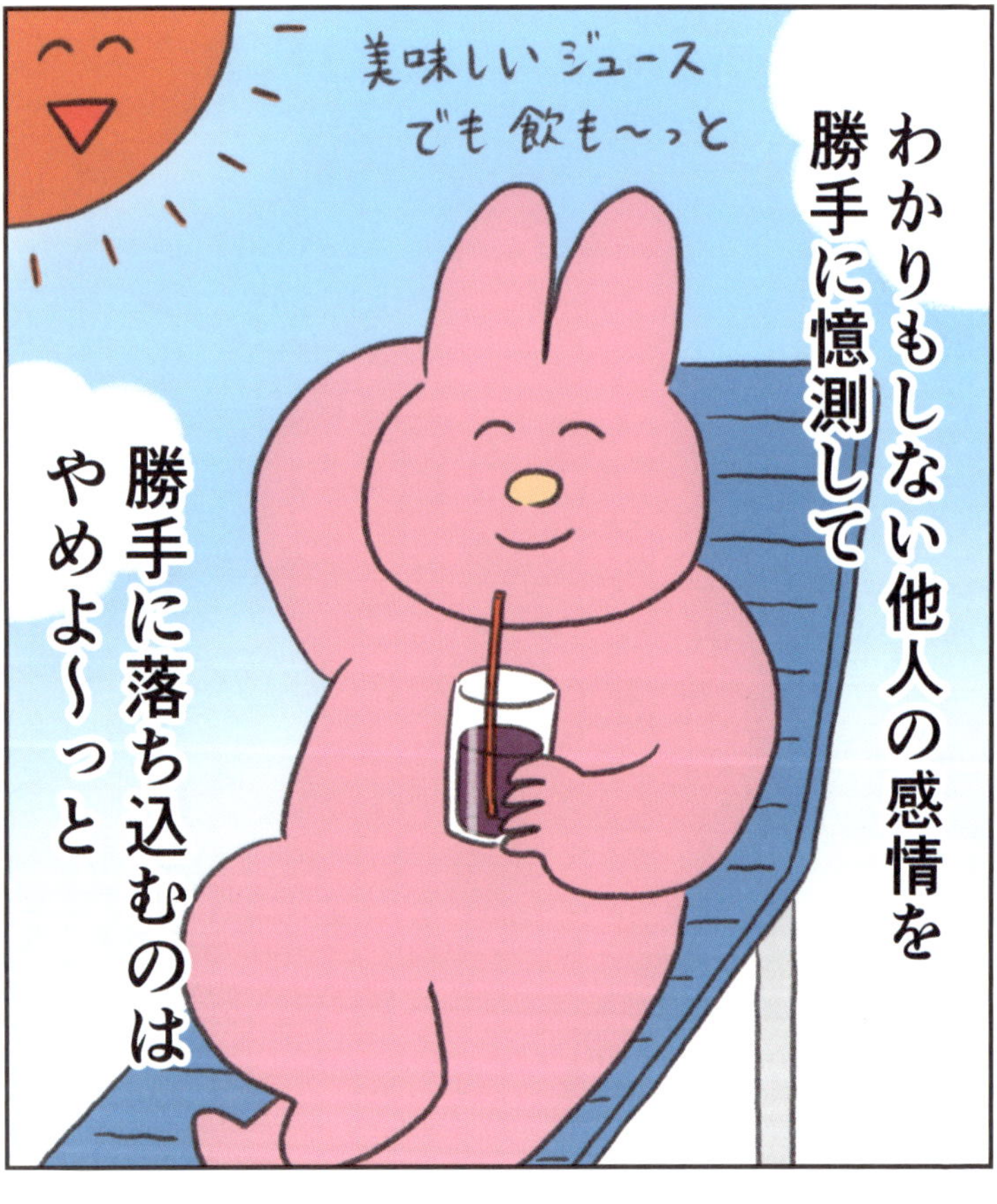

相手から嫌われているんじゃないかと思い込み、勝手に落ち込んでしまうというお悩みを頂いた。

自分もそれめっちゃある。特にメンタルが落ちている時はその呪いにかかりやすい。SNSをやっていても、誰かが批判的な投稿をしているだけで、これって自分のことかな？　自分に対する悪口かな？　と勝手に疑心暗鬼になって落ち込んでしまう時がある。大抵は勘違いだし、我ながら自意識過剰でバカみたいだなと後になって思うのだが、その時はその時で本当にそう思っているし、真剣に悩んでいるのだから仕方がない。

ただ、そんな自分も以前よりはネガティブな思い込みをしないようになってきた。

それはシンプルに「相手がどう思っているのかなんて、結局相手にしかわからない」と意識するようにしたから。嫌っているかどうかは結局その人に直接聞かないとわからない。それに、たとえ嫌われていたとしても「あなたのことが嫌い」とはっきりと言われるまでは思い悩まないことにした。悩むのは、具体的な問題が起こってから！

相手の脳内まで覗くことはできないのだから、憶測で悩むより、美味しいジュースでも飲んでその瞬間の自分を幸せにした方がいいね〜。

11 友達の成功に嫉妬してしまう

本当、人の成功って、どうすれば喜べるんですかね……（真顔）。

実際、成功を喜べる相手って、家族か、友人だとしても、成功に至るまでの努力の過程を一緒に見守ってきたような、すごく近しい存在の人間くらいじゃないだろうか。

むしろ自分と近しい存在の人の成功ほど、うらやましいと思ってしまうのが本音じゃないだろうか。自分と同じくらいのレベルだと思っていた人が、ある日とんでもない成功を収めたらなんだか悔しいと思ってしまう。自分は特に心が狭い人間なのでそう思う。

でも歳を重ねるごとに思うのは、嫉妬の感情は苦しいけれど、嫉妬の感情を抱くこと自体はそんなに悪いものではないということである。

嫉妬って実はなかなかに強いエネルギーである。悔しい、負けたくないという気持ちの強さの表れだし、歳をとると嫉妬することすらできなくなるらしい。エネルギーはないよりは、あった方がいい。そのエネルギーを活かして、自分も成功に繋げるための力に変えよう。

嫉妬は、ある意味、生命力の表れであり、
生命力のバロメーターなのかも…！

12 大事な約束があるのに、どうしても気が進まない

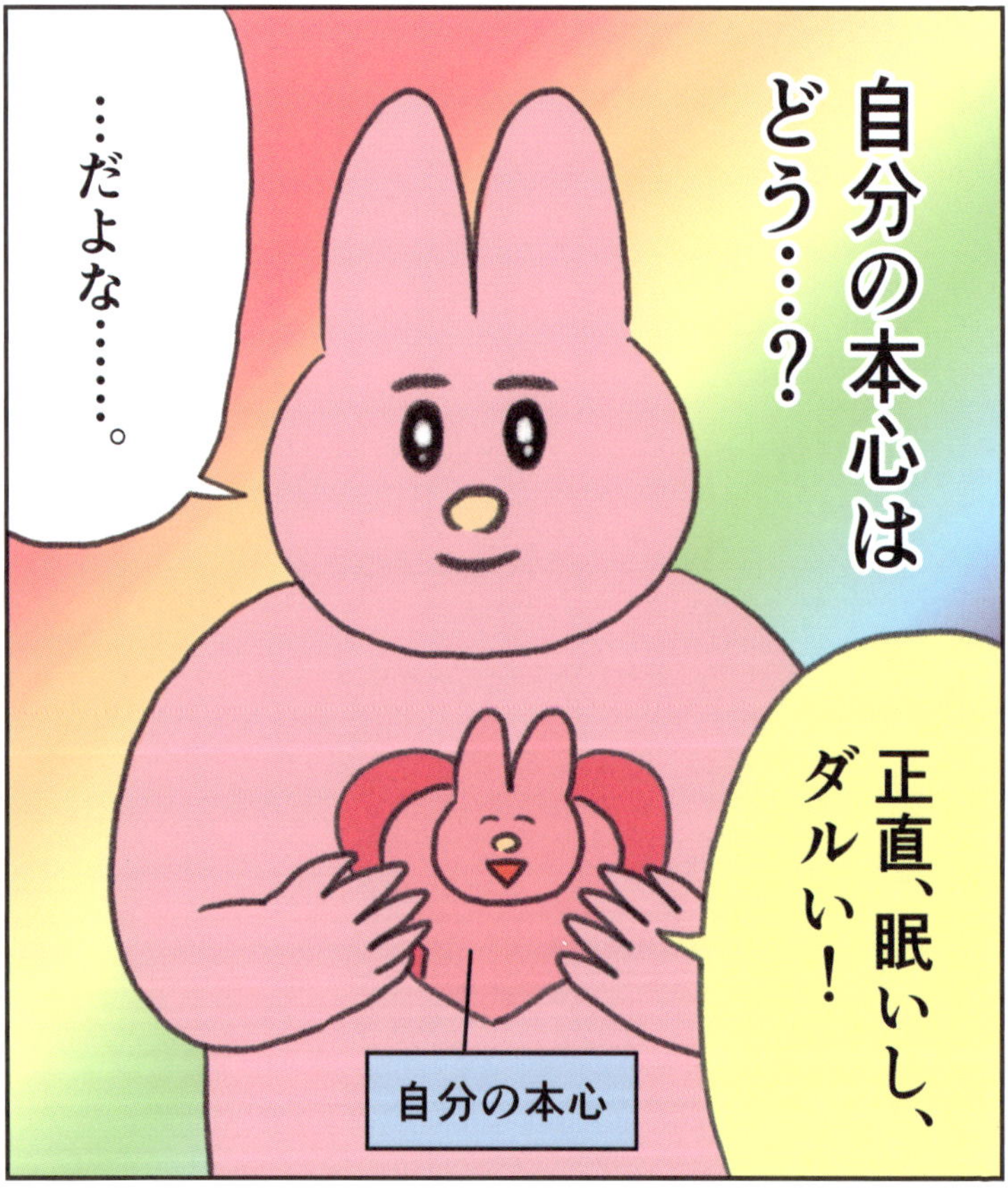

人と会う用事がある時に限って緊張で具合が悪くなってしまうというお悩みを頂いた。自分も時々人から遊びに誘われるのだが、嬉しくてその瞬間ははしゃいだりする。でもだんだんプレッシャーになってきて、具合が悪くなってしまうことがある。ひどい時は当日にドタキャンしてしまうこともあり、申し訳なさで死にたい気分になったことがたびたびある。

でも、そんな情けない自分と長年付き合ってきて思ったのは、結局、自分は最初から本心ではそこに行きたいわけではなかったんだろうな、ということだった。

もっと様々な人と関わるべきといった、どこで植え付けられたのかわからない社会の風潮としての「こうあるべきだ」ルールに囚われすぎると、無理をしてしまうことがある。でも、元々の自分の本心が望んでいない行動をとると、結局それがストレスになり、体調だって悪くなる。自分は本当はどうしたいんだろうと、自分の本心の声に耳を傾けて、時には断る勇気を持つこともとても大切なことだと思う。

身体は自分が思うよりよっぽど正直。
人間関係は、無理なく自分のペースで築いていこう～。

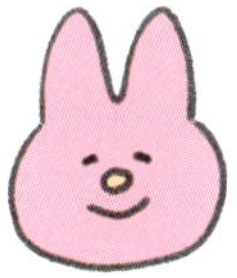

13 察してくれない相手にイライラしてしまう

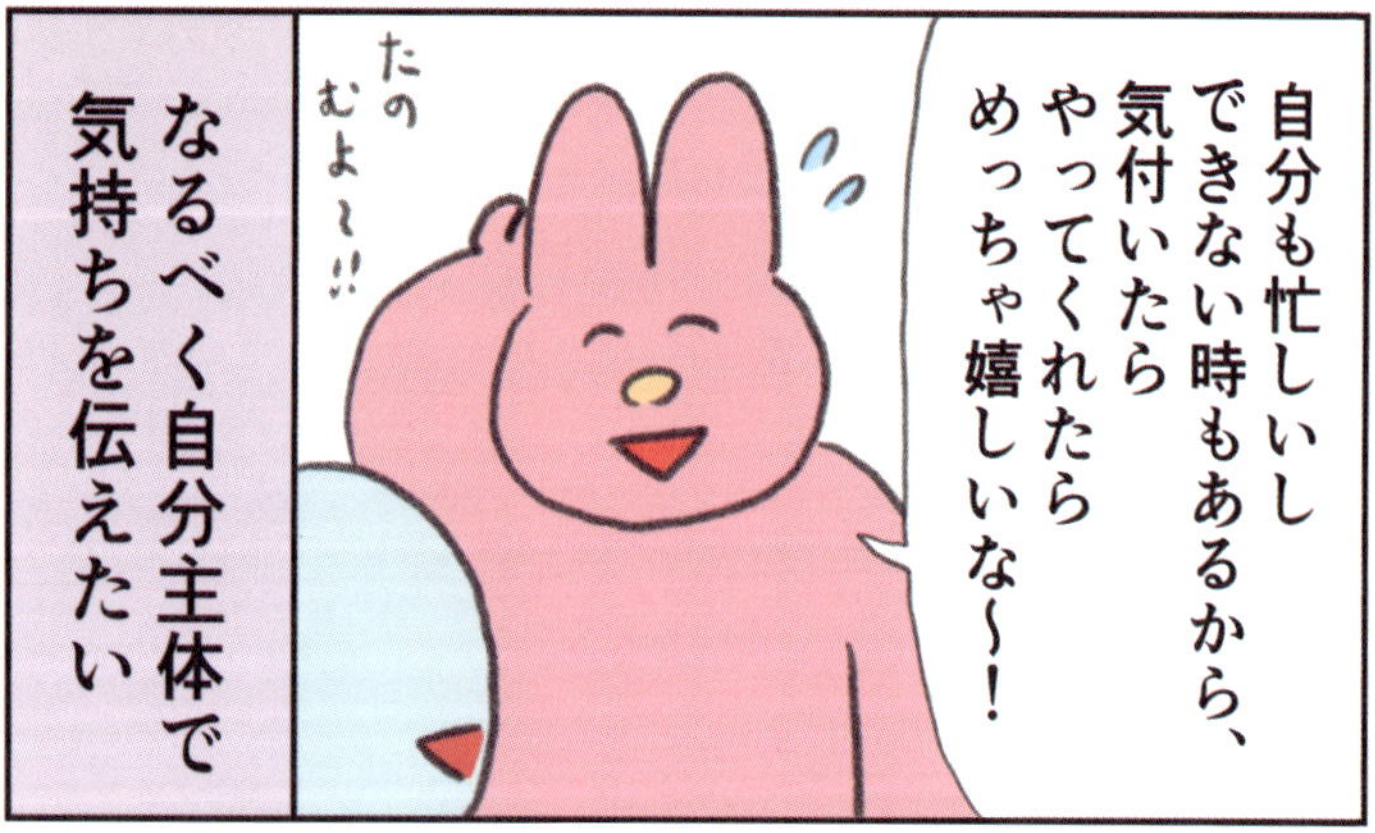

なんでこんなこともわかってくれないんだろうと、人に対して思うことってある。例えば、職場で加湿器の水がカラになっていた時。誰かが気づいて水を入れてくれればいいのに、誰も気づいてくれない。やるのはいつも自分。

同じようなことは家庭でも起こる。トイレットペーパーがなくなっていたら、換えを入れてくれればいいのに。洗い物が溜まっていたら、気付いた人が洗ってくれればいいのに。でも、誰もやってくれない。なんで察してくれないのだろう。イライラして、相手に感情をぶつけてしまいそうになる。怒りたくないのに、不満が暴走してしまう。

でもそういう時、ただ怒りの感情に任せて相手に正論をぶつけてしまうと、言い争いに発展してしまうことがある。喧嘩は避けたいし、相手にもわかってもらいたい。

そんな時、自分はこうしてくれたら嬉しいと、あくまで自分を主語にして伝えるのがいいらしい。相手に自分の気持ちをわかってもらえるし、正論をぶつけずに済むから穏やかに伝えられる。言い方一つで穏便に済むのなら、より良い伝え方を取り入れたい。

「こうあるべきでしょ?!」と怒りをぶつけるよりも
「自分はこうして欲しいな」の気持ちを伝えるようにしたい。

好きな人に会うと緊張してしまう

14

臆病な性格で、好きな人に会うといつも緊張してしまい、具合が悪くなってしまうという質問者さん。どうすれば緊張しなくなるのか？　というお悩みを頂いた。

自分も緊張しいだからよくわかる。特に相手からよく思われたいと思うほど、緊張してしまうものだよね。自分も初対面の人と話す時はいつも喉がカラカラになってしまう。

自分の場合ではあるが、緊張してしまった時は、いつもこう唱えるようにしている。

「緊張は最初の数分だけ。あとは流れで何とかなる」

人と会うにしても、人前で発表するにしても、始まる前は不安でいっぱい。でも実際に始まったら、意外と流れで何とかなるものである。

思い返しても、緊張って最初から最後までずっと同じ強さで続くわけではない。緊張は最初の数分だけ。その数分さえ乗り越えれば、きっと大丈夫。

あと、緊張の問題って、メンタルというより、単純に「慣れ」の問題だったりする。

好きな人と会う回数をもっと増やすなどして、自分を慣らしてみるのもありだと思う。

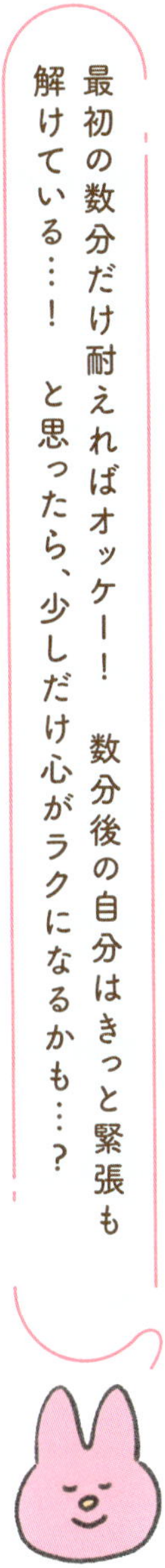
最初の数分だけ耐えればオッケー！　数分後の自分はきっと緊張も解けている…！　と思ったら、少しだけ心がラクになるかも…？

15 ひどいことを言われて見返したいと思ったら

よくドラマや広告、さらには日常で、「ブス」や「デブ」などと容姿をバカにされた女性が、「絶対きれいになって見返してやる」といったセリフを吐くシーンを見かける。その後、彼女たちはダイエットや美容に力を入れて、悔しさをバネに変化を遂げる。そして、それが成功体験のように語られる。

確かに、努力して自分が変わることは素晴らしい。でも、最近、思うのだ。なんで、ひどいことを言ってくる嫌な相手のために、自分が変わらなければいけないのかと。

見返すって、なんだろう。結局、相手を見返してやりたいと思ってする行動って、究極の他人軸になっているのではないだろうか。しかも嫌な相手のためにする努力になっている。なんだかそれ含めて悔しい気持ちになってしまった。

努力をする動機はあくまで自分自身のためがいい。きっかけになってプラスに変わるのはいいことだけど、嫌な相手の言葉がまるで呪いのように頭に残ってそれに囚われ続けて、自分が変わる必要なんてないんじゃないかなと思った。

もし本当の意味で相手を「見返す」のなら、
そんな相手とは距離をとることなんじゃないだろうか…。

16 周りと比べて自分がつまらない人間に感じる

こんなお悩みを頂いた。彼氏がとても要領が良く、友達もたくさんいて、人生を楽しんでいるように見える。それに比べて自分はつまらない人間だと感じてしまう。

読んでいて、自分も同じような悩みを持っていたなぁと思い出した。

ベーシックに自分に自信がないので、男女問わず、輝いている人の近くにいるとしんどくなってしまうことがある。その人と自分を比べてしまい、自分なんかと一緒にいてもつまらないだろうと勝手にいじけ、自分から距離をとってしまうことも何度かあった。

でも、人の魅力って実はすごく複雑で、多面的なものだ。実際、完璧すぎる人って少し近寄りがたいし、抜けている部分が愛嬌になったりする。アイドルの人気投票でも必ずしも美男美女が1位ではないし、自信がない人だからこその魅力もあって、そこをいいと思ってくれる人もたくさんいる。でも、それって自分ではなかなか気付けない。

だから一番いいのは、そこを含めて一度、自分の悩みごとを全て相手に話してみることだと思う。相手の考えや気持ちも知れるし、自分の気付かない長所もわかると思うよ。

一人でモヤモヤしてしまうことって、本音での話し合いが足りてないケースが多い。まずは気持ちを正直に伝えてみることってやっぱり大事！

17

うつであることを伝えたら距離を取られてしまった

自分は、うつで休職中、ほとんど誰とも会わない生活を送っていた。その反動からか、急に人に会いたくなり、自分のうつについて知人に話したことがあった。

その人とは時々遊ぶ仲ではあった。でも自分がうつで休職中であることを告げたら、ＬＩＮＥの返信が来なくなってしまった。距離を取られたんだなと悟った。

こういうことは、プライベートだけではなく仕事の場でも感じる瞬間がある。

以前、ある企業からイラストの仕事の依頼があった。

自分は普段からメンタルに関するイラストを描いているので、それに至る経緯を具体的に話すと、その依頼は結局なくなってしまった。どう思われたのだろうか。自分がやっていることは間違いだったのかなとしばらく呆然としてしまった。

仕方のないことだけど、いまだに心の病に対して偏見を持つ人は多いのだろう。

多様性が叫ばれる社会であるが、個性やジェンダーにとどまらず、心の問題の多様性も広く認められ、誰にでもあることとして受け入れられる社会になって欲しいなと思う。

もしかすると、自分とどう接すればいいのかわからなかったのかも。
いつも通り、何も変わらず接してくれたら本当にありがたいな…。

SNSでの反応をいちいち気にしてしまう

18

極論、何かを表現したい人はこれくらいの傲慢さを持っててもいいと思う
自分最高でチュ～！
自分が最高って思うんだから最高！
むしろわからない人はわからなくていいで～チュ！
スーパー自画自賛!!

SNSで自分の作品を発表しても、いいねや感想がもらえなくて、自信をなくしてしまうというお悩みを頂いた。

自分は「なおにゃん」というアカウントの他に、絵本作家としてのアカウントを持っていて、そこでイラストを発表することもある。でも、そこでどんなに頑張って描いたイラストを発表しても、ほとんど反応をもらえないことが多い。そういう時は、自分ってそんなに下手なのかな、センスないのかな、などと落ち込んでしまったりした。

でも次第に、そもそもなんで好きでやっていることなのに、いちいち他者の反応を気にしてそれに合わせなければいけないのかとイライラしてきた。

結局、流行りも人気も、その時の運やタイミングの問題だったりする。そんな不確かなものに合わせて一喜一憂するよりも、まずは自分の作品を自分で好きになることの方がよっぽど大事。それからは、自分の作品を好きになるために描こうと気持ちを切り替えて、発表できたこと自体に価値を置くようにしている。

そもそも0→1で、作品を生み出したという事実自体が素晴らしい。
生み出しちゃった自分、最高～！　って思っとこ。

19

SNSでフォローを外されてしまった

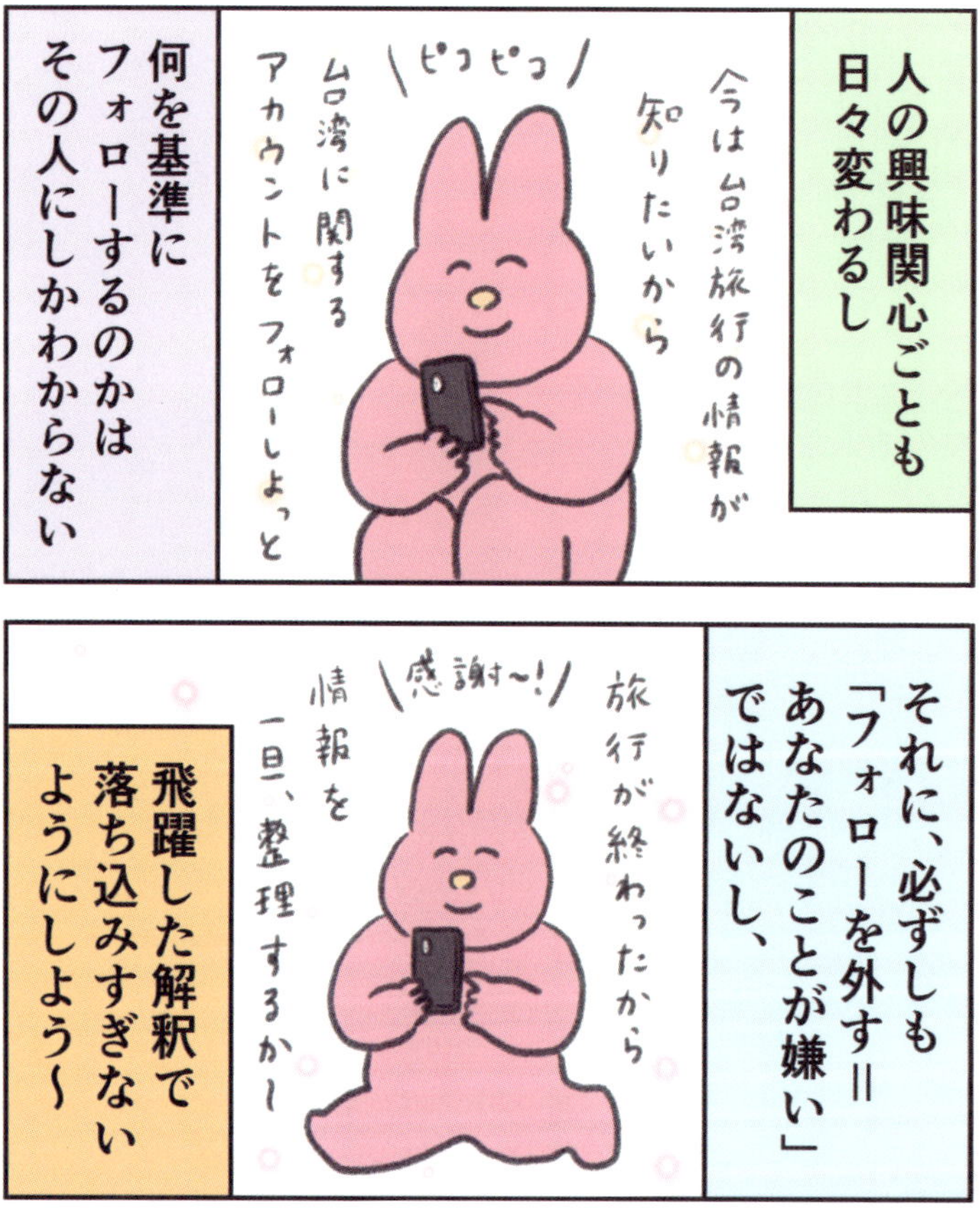
人の興味関心ごとも日々変わるし
今は台湾旅行の情報が知りたいから
ピコピコ
台湾に関するアカウントをフォローしよっと
何を基準にフォローするのかはその人にしかわからない
それに、必ずしも「フォローを外す＝あなたのことが嫌い」ではないし、
旅行が終わったから
感謝～！
情報を一旦、整理するか～
飛躍した解釈で落ち込みすぎないようにしよう～

SNSで突然相手からフォローを外されて、立ち直れないというお悩みを頂いた。
自分も同じような経験がある。突然フォローを外されると、何か悪いことをしちゃったのかなと不安になるし、落ち込みますよね。特に普段からコメントをし合うような仲が良い相手なら尚更。

でも、落ち込んだ後、こう思った。別にこの人にフォローを外されたからといって、現実の自分が困ることは特にないよな〜、と。

リアルの知り合いで、明日も顔を合わさなければいけない相手だったら話は別だが、所詮はSNSでの関係である。年齢だって性別だって誤魔化せるし、実際、画面の向こうにその相手が本当に実在しているのかも100％の保証はない。

大切なのはやっぱり現実での関係性。たとえその人から嫌われたとしても、現実の自分は特段困ることはないし、SNSで繋がれる人は無限にいる。また新しく仲良くなれる人と出会えるいい機会なのかもしれない。そう思って気持ちを切り替えよう……！

SNSの使い方は人それぞれ。何を基準にフォローをして、外すのか、それはその人にしかわからないし、自分を責めなくても大丈夫〜！

家事ができない自分を責めてしまう

20

家事がとにかく苦手で家族に申し訳ない、毎日自己嫌悪の気持ちでいっぱいになってしまうという主婦の方からお悩みを頂いた。

自分も家事が大の苦手。特に洗い物が大嫌い。まだ洗っていない食器が山積みになっている台所を見ると絶望的な気持ちになる。家事って本当に面倒くさい。

そんな家事が大嫌いな自分が最近取り入れていることは、家事をやっている時間そのものを楽しくするという工夫である。

例えば、自分にとって一番の強敵である洗い物をやっている時間に、自分の好きなラジオを聴くようにしている。

好きな音楽でもいい。洗い物をやっているその時間に、自分の好きな音声メディアを聴くのだ。なんならその時間のために、聴かずに取っておく。

すると、洗い物をしている時間自体が楽しくなるし、洗い物という行為の憂うつさも軽減される。憂うつなものには、好きなものを重ねて、プラマイゼロにしていこう！

憂うつな時間こそ楽しくする工夫って大事…！

21 言いたいことをはっきり言えない

昨年の冬、ふらりと地方の街に旅行に行った時の話である。

せっかく観光地に来たのだからと、現地で人気の朝ご飯のお店に行くことにした。そこはガイドブックにも載っている人気店で、案の定、お店の外まで大行列ができていた。

まぁ、人気店だし仕方ないよなと並んでいたら、自分の前におじさんが入ってきた。割り込んできたのにしれっとした顔でそのまま並んでいる。ムッとしたけど、注意でもして喧嘩になったら面倒くさい。おとなしく気付かないふりをして下を向いていたら、

「ちょっと、並んでるんですけどぉ！」

と、怒りの声が自分の後ろから聞こえてきた。

振り返ると、冬なのにへそを出したギャル二人組。自分に代わっておじさんに注意をしてくれたのだ。その二人がはっきりと言ってくれたおかげで、おじさんはぎこちなく笑いながら列の一番後ろに並んでくれた。

ギャルすごい。なんて鮮やか。ヘタレな自分は心の中で盛大な拍手を送った。

見た目はギャルになれなくても、ギャルのマインドを1ミリでも持っていたい…！

気にしすぎて疲れてしまった時は

22

台湾に旅行に行った時、随分と人がおおらかだなぁと思った。

台湾の人たちは、やたらと地べたに座っている。台湾の中心である台北駅に降り立った時、台北駅のど真ん中でたくさんの人が地べたに座ってお弁当を食べている様子を見た時はびっくりした。街中を見ても、空いている場所があったら気にせず座っている。

台湾のコンビニでコーヒーを頼んだ時も、お湯の出が悪かったのか、店員さんがコーヒーメーカーをバンバン叩き始めた。叩いたおかげかようやくお湯が出て、無事にコーヒーは完成したのだが、店員さんはいつものことといった表情で「シェイシェイ」と笑顔でコーヒーを手渡してくれた。びっくりした。おおらか、というか、粗いとも言える。良くも悪くも。でも、こんなに粗くてもいいんだよなと思って、少し可笑しくなった。

もちろんマナーや常識は地域や文化によって異なるけど、細やかで人の目を気にしがちといわれる日本人からすると、台湾の人のゆるさはある意味心地いい。心にギャルも欲しいが、おおらかでのんびりとした台湾の人のマインドも心に宿したいと思った。

人付き合いでつい神経質になってしまった時は、
おおらかなアジアの人の心を憑依させたい…。

仕事の悩みって尽きないですよね。

自分は会社員時代、気にしすぎる性格と合わない職場環境から、うつと適応障害を発症し、二度休職したことがあります。

その経験を踏まえて、ここでは各人の仕事に関するお悩みに答える形で、メンタルを崩さないためのおすすめの考え方や捉え方などを書いてみました。少しでも参考になれば嬉しいです。

Chapter 2

仕事＆勉強

23 月曜日は会社に行きたくない

月曜日の朝はどうしてもテンションが上がらず、うつうつとした気持ちで家を出る。どうすれば気分良く過ごせるかというお悩みを頂いた。

月曜日って憂うつですよね。自分も会社員の頃は、そういえば日曜の夜から落ち込んでいた。月曜日を永遠に先延ばしにできたらいいのにとさえ思っていた。

でも、あらかじめ憂うつが来るとわかっているのなら、対策ができる。

自分がおすすめしたいのは、月曜日の朝にちょっとした楽しみを用意すること。

例えば、自分はパンが好きなので、朝起きた時に美味しいパンを用意しておく。しかも月曜日の朝は普段食べるパンよりも数百円高い、ちょっと特別なパン。朝起きた時にあのパンが食べられると思うと、前の日の夜は少しだけ憂うつな気持ちが軽減するし、朝起きた時もちょっとだけ嬉しい気持ちになれる。

食べ物に限らず、新しいコスメとか、服とか、ちょっとした小さな楽しみを月曜日の朝にとっておくのもいい。自分を喜ばせる小さな「仕掛け」を、ぜひ見つけて欲しい。

月曜日の夜に楽しみを作っておくのもいい。ちょっといい入浴剤を買っておくとか。美味しいデザートが待ってるとか。つらい一日を頑張れるかも。

24 失敗して落ち込んでしまった時は

自分はちょっとしたことでもすぐに落ち込んでしまうところがある。

その一方で、同じような失敗をしても、ほとんど落ち込まずに、むしろケロッとしている人もいる。その違いってなんだろうとある時考えたことがあった。

思うに、落ち込まない人って、失敗を「失敗」と捉えていないように感じる。

以前、仕事でスケジュールを勘違いしてしまい、取引先に謝罪をすることになった友人がいた。でもその友人は「いろいろあったけど、最終的に納期までに間に合ったから成功ってことで！」とむしろプラスに捉えていて、すごいなぁと思ったことがある。

もちろん、ミスは良くないし、反省は必要である。でも、いつまでもそこに囚われて落ち込んでいても先に進めないし、ミスをしてしまっても結果的にリカバリーできたなら、それは「失敗」ではなく、「成功」とも解釈できる。

失敗と感じるのは、その瞬間の出来事である。その瞬間だけを見て「失敗」と感じて落ち込むよりも、長い目で見て「成功」だと思えるような、視野の広さを持っていたい。

その瞬間は失敗したと思っても、最終的にまとまったなら、
それは成功って解釈をしとこう～！

25 些細な失敗をいつまでも引きずってしまう

ウワァーーッ
知ったかぶりをした上にそれがバレてる〜〜っ
ギョエェ〜〜ッ
恥ずか
恥ィし!!!
今は恥ずかしくて引きずるように思えることでも…

一年後は今ほどの記憶の鮮度はないし
未来の自分を
信じよう〜
もう忘れてる
よ〜ん
十年後にはほとんど笑い話になっている。だから大丈夫…!

気にしすぎる性格の人ほど、これは「あるある」ではないだろうか。

自分もつい最近、よく知らないアニメをあたかも知っているかのように話してしまい、結局何も知らないことが後でバレて、恥ずかしさと情けなさでもだえていた。

こういうことはしょっちゅうある。でもそんな時は、「いつか時間薬が解決してくれる」と自分に言い聞かせるようにしている。

今は思い出してしまうけど、一年後の自分はそれを鮮明に覚えているだろうか？　と想像してみるのだ。逆の言い方をすれば、一年前の今日の失敗を今の自分は鮮明に覚えているだろうか？　覚えていたとしても、その時ほど鮮明には覚えていないはずだ。

深刻なトラウマは除いて、日常の些細な失敗であれば、一週間くらいは恥ずかしくてウワーッとなる瞬間はあるかもしれないが、幸い人間の脳は忘れるようにできている。

この情けなさも恥ずかしさも、きっと時間が解決してくれる。未来の自分はケロッとしているからきっと大丈夫。そう思って、今は何か美味しいものでも食べよう……。

恥ずかしさでウワーッとなっている最中は、何か楽しいことを意識的にやってみて、記憶の上書きを試みるのもあり…！

26 気持ちばかり焦るのに、やる気が出ない

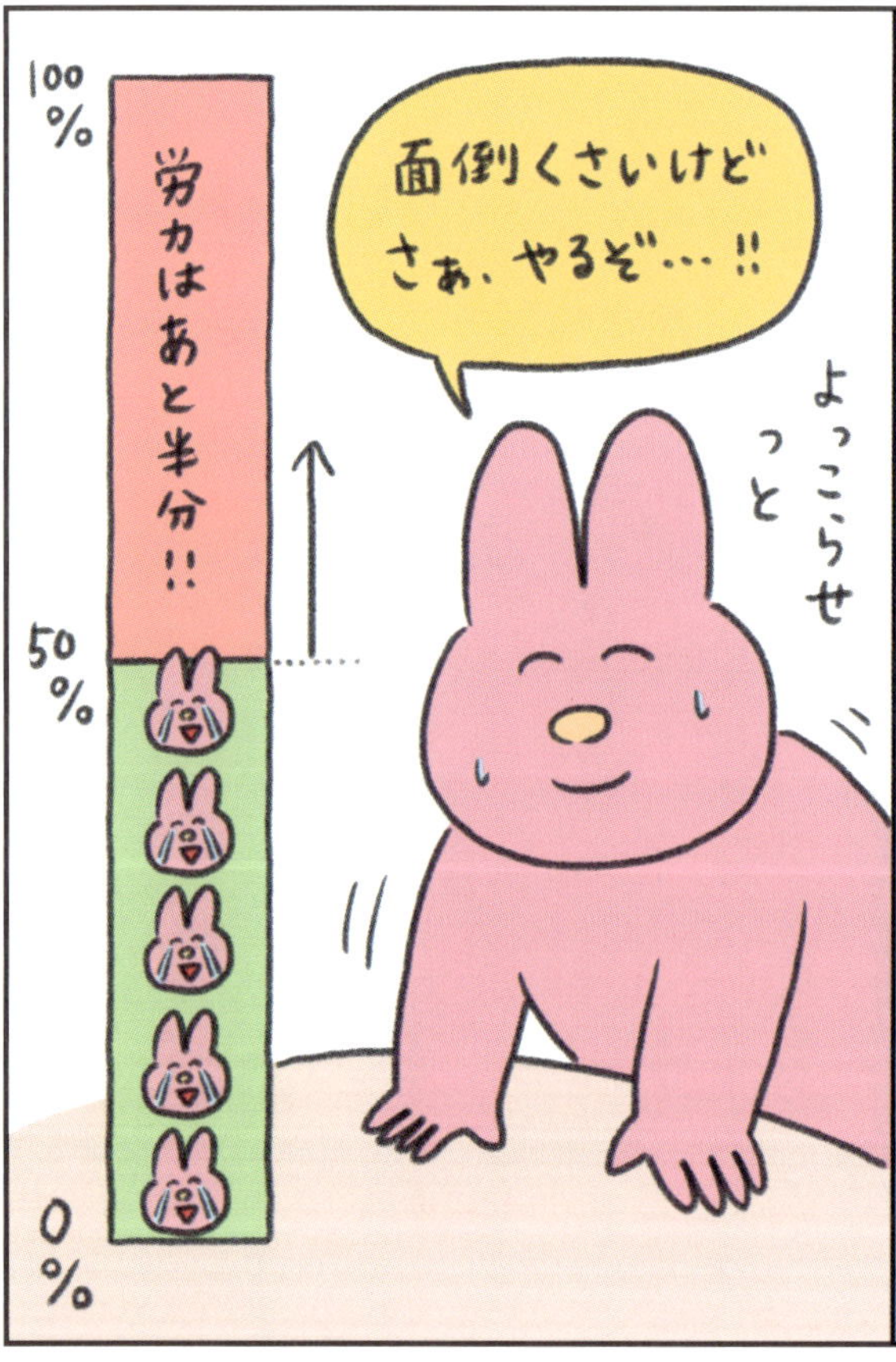

重い腰を上げた瞬間、物事の半分は終わってる…!(と思おう!)

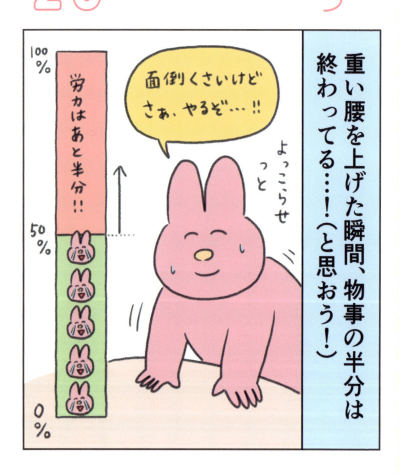

やらなきゃ、やらなきゃと気持ちばかり焦るものの、行動に移せない時ってある。

特に自分の場合、変に完璧主義な性格もあって、初めから完璧を目指そうとしてしまい、最初の一歩をなかなか踏み出せない。時間ばかりが過ぎてしまい、ますます気持ちが焦ってしまう、そんな悪循環に悩んでいた。

ある時、その悩みを友人に打ち明けたら、こんなアドバイスをもらった。

「物事を始める時は、本当に腰が重い。本当にやりたくない。でもその分、始めることができたなら、その物事の半分は終わっているようなものだよ」

確かにそうかも。一度始めてしまえば、物事って案外ドミノ倒しのようにパタパタと自動的に進んでいく。自分は文章を書くのがあまり得意ではないのだが、とりあえず最初の一文を書いたら、流れで書き進めることができて、気がつけば終わっていたりする。

最初の一歩を踏み出しさえすれば、すでに半分が終わっている。そう思うと、とりあえずダメでもいいから始めてみようと思えるし、ちょっと気持ちがラクになる。

始めた段階で終わったも同然…！　そう思って、下手でもなんでもいいから、とりあえず始めてみるべし…！（笑）

27

考えすぎて なかなか返信できない

連絡を返すことが苦手である。

返そう、返そうと思っているうちに、気がつけば一週間くらい時間が経っている。そして、余計に返信しづらい状況になっていることが今までに5万回くらいある。

どうして連絡を渋ってしまうのだろう。一度真剣に考えたことがあるのだが、おそらく一つの要因として、返信の言葉を慎重に考えすぎているせいではないかと思った。

気にしすぎる性格の人にありがちな話だと思うが、こういう言い回しをしたら相手はどう思うかを考えすぎて、すぐに返せばいい内容のものでも、やたらと言葉を選びすぎて返信に時間をかけてしまう。結果、いつまで経っても返事ができない事態が発生する。

でも、連絡は連絡である。はい／いいえで済むことも多いし、言葉に迷って連絡が遅れてしまうよりは、後ほど考えます！　検討します！　と、とりあえず送った方がいい。

シンプルな一言でいい。とりあえず反射的に返すようにしたら、連絡が滞ることも減ってきたし、連絡に関するストレスも解消されてきた。反射的に返す練習を……！

日頃から、「反射的に返す！」と自分で決めておくのもいいかもしれない。卓球の球を打ち返すようなイメージで…！

28 返事が遅い相手に対していらだってしまう

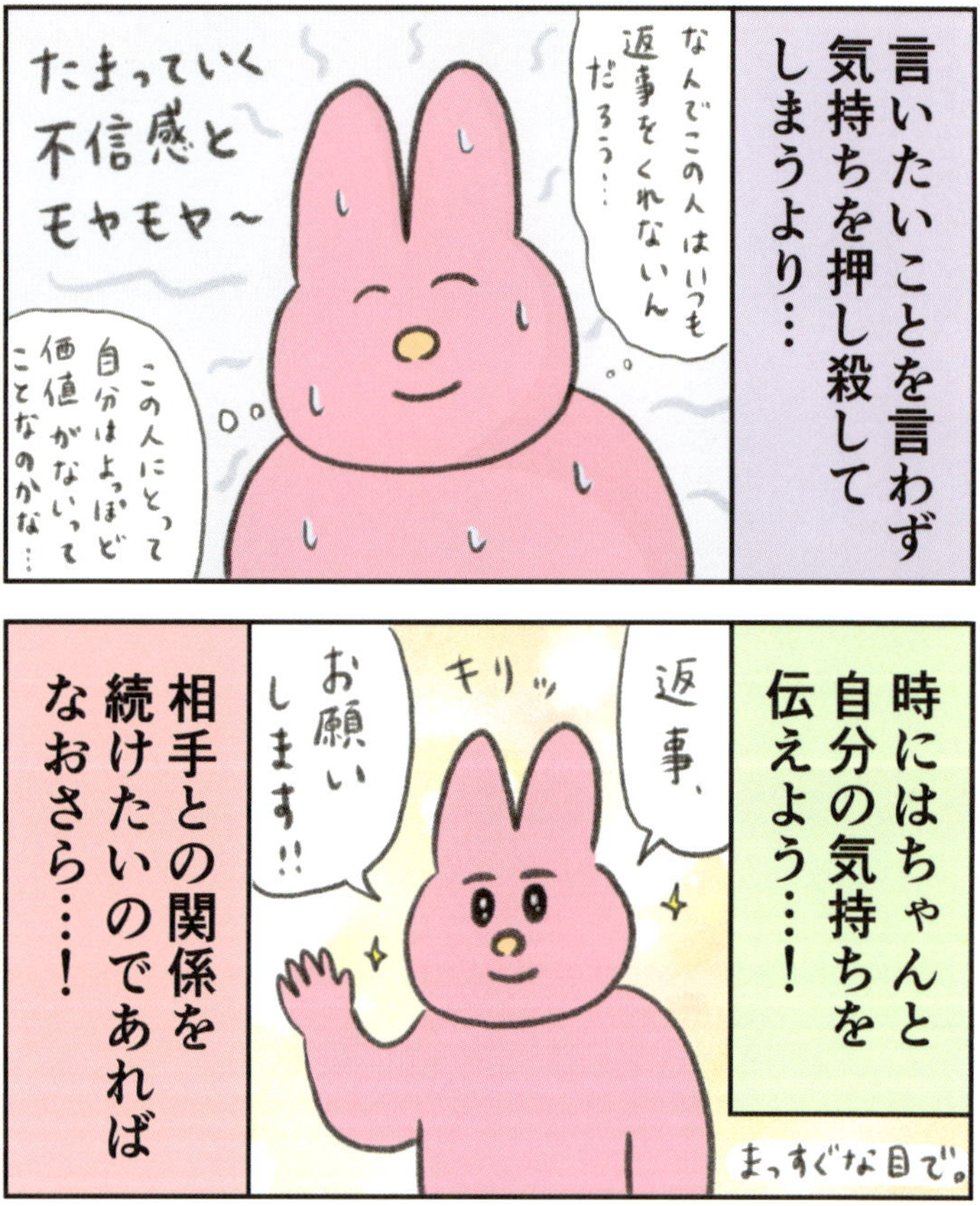

イラストのやり取りをしている仕事先に、やたらと返信が遅い人がいる。自分も返信をするのが苦手と書いたばかりでこんなことを言うのもなんだが、その人はさすがに遅すぎる。返信が来るまで最大半年ほど待たされたこともある。

イラストを見てもらっているので、立場上こっちから催促することができない。仕事柄、相手が忙しくてなかなか返事を返せないこともなんとなくわかる。でも、それにしたって返事が遅い。いつ返事がもらえるかとソワソワしてしまうし、催促して嫌われたらどうしようと思い、一時期は軽いうつになりそうなくらい悩んでしまった。

でも、最近は、ちゃんと返事を催促しようと自分で決めた。

というのも、その人のことを嫌いになりたくないので。

自分の本心を伝えず、相手のご機嫌をうかがっているだけだと、結局人間関係って続かない。本当に相手と信頼関係を築いていきたいのなら、ちゃんと自分の気持ちを伝えよう、催促すべき時は催促しようと決めたのだ。正直、憂うつではあるけど(笑)。

人間関係において、自分の筋を通すことって大切だと思う。我慢するより嫌なものは嫌だと言った方が、関係性は長く続くのではないだろうか…。

自分よりできる人を見て、自信をなくしてしまう

29

「いいなぁ…」

「うらやましいなぁ…」

なんて嫉妬深いんだろう自分は…

と思う気持ちを素直に認めてあげること自体が一つの成長。

明日につながる行為。

ポタッ
ポタッ
ポタッ

時代のせいだ…！
落ち込む自分は悪くない…！（泣）

自分は出版関係の仕事が多いのだが、ぶっちゃけ、しんどいと思う瞬間がある。出版の世界もなかなかにシビアである。今や、本の売れ行きはAmazonランキングですぐにみんなに共有されるし、発売直後の売れ行きによって本の重版も決まってしまう。昔と違って、本の売れ行きも評価も、はっきりと数字でわかるようになったのだ。

自分は気にしいな性格なので、普段からそういった情報にはできるだけ触れないように意識しているのだが、ひとたびSNSを開けば、同業者の華麗なる実績が書かれた投稿が否が応でも目に飛び込んでくる。

Amazonランキング1位獲得！　発売即重版！　アニメ化決定！　…etc.

うわぁ、いいな〜。尊敬しつつも、うらやましくて、落ち込んでしまう時がある。

「人と比べない。比べるなら過去の自分」と、自分もエッセイなどで書いているが、なかなかそうは思えない時もある。それに、そもそも人と比較しないようにすること自体が難しい時代になってきていると思う。上手に自分を慰めながら生きていたい（笑）。

30 手柄を横取りされた

自分がメインでやった仕事なのに、上司へのアピールが上手な同僚に成果を横取りされてモヤモヤする、というお悩みを頂いた。

そういう人っていますよね〜。自分が関わっている出版業界での話をすると、作家さんの考えたアイデアなのに、出版社の編集さんが自ら考えたアイデアであるかのように周りに言いふらしている人がいると相談を受けたことがある。アイデアの生みの親である作家さん側はずっとモヤモヤを抱えているとか……。そういう横取りする人って、なんだか得しているように見えるし、ずるいなぁと思いますよね。

でもね、結局そういう人ってバレている。噂は水面下でちゃんと広がっている。その瞬間は周りから評価されたとしても、結局ズルって周りにわかってしまうんですよね。それに相談者さん以外にも同じような被害に遭われている人ってきっといると思うから。

最後はちゃんと時間が証明するから大丈夫。いつかバレた時に痛い目に遭うのはその人。来るべきその日のために、同じ被害を受けた同志を見つけておくのもいいかも。

人の成果を横取りしてまで、評価されたくて仕方がないんだなぁ〜、自分に自信がなくてかわいそうな人だな〜って同情しておこう…。

31

嫌なことを言われても つい我慢してしまう

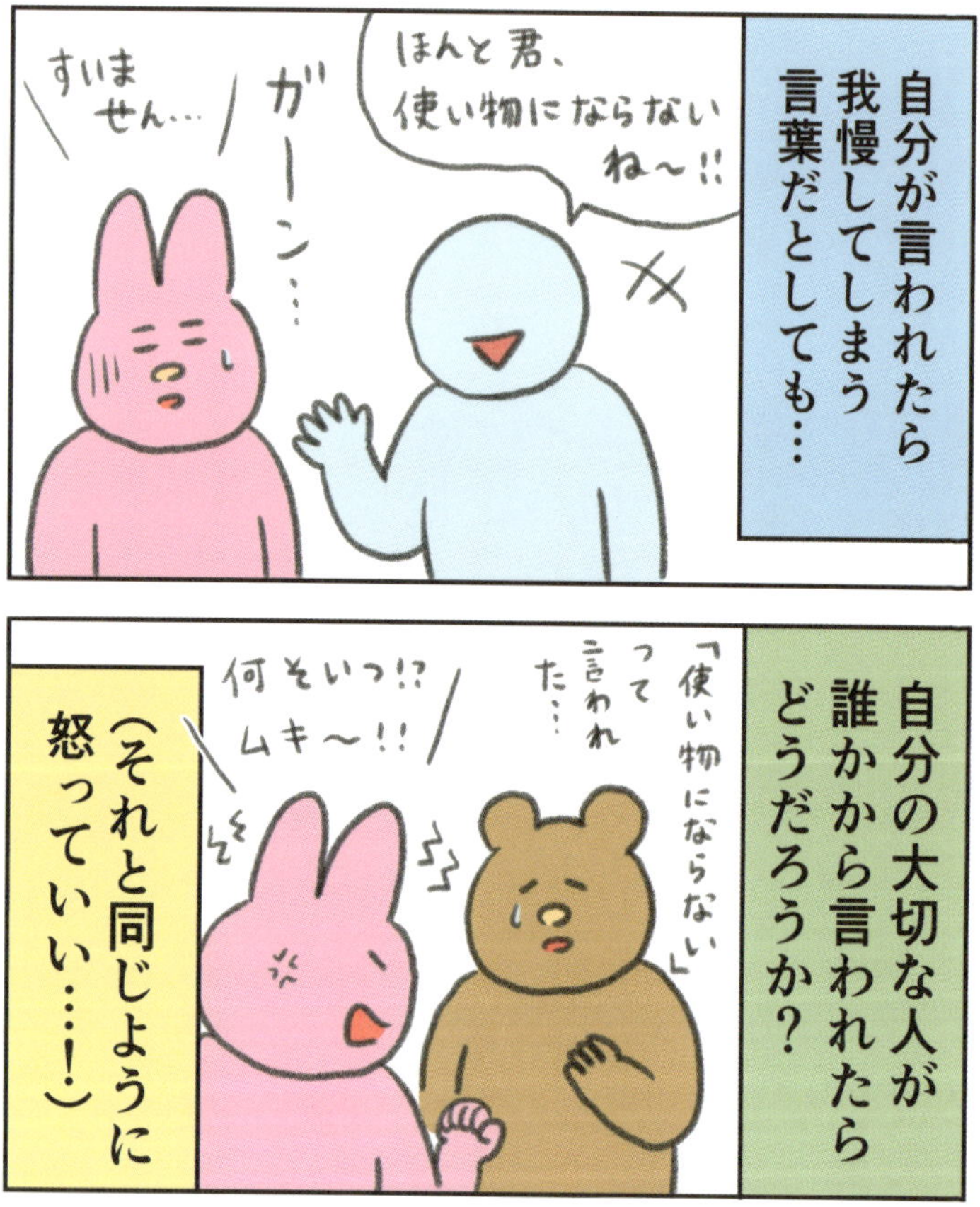

上司からきつい言葉を言われても、自分が我慢すればいいんだと思って何も言えなくなってしまうというお悩みを頂いた。そんな自分が嫌になってしまうらしい。

自分も怒ったりすることが苦手。喧嘩に発展するのは嫌だし面倒くさいから、それなら自分が我慢してその場を丸く収めようと思ってしまうタイプである。

でも、この面倒くさい社会で生きていく上で、自分の主張を言わないといけないタイミングってたくさんある。何より我慢ばかりしているとストレスも溜まってしまうし。

それに、ちょっと想像してみて欲しい。相手から言われたそのきつい言葉を、例えば自分の大切な家族や友人が、誰かから言われたらどうだろうかと。

きつい言葉を言った相手に対して怒りの気持ちがわくのではないだろうか。そして、それは同様に自分に対して感じていい感情なのではないだろうか。

自分は、大切な人にとっての大切な人。その人たちのためにも、自分自身を軽んじなくていい。嫌なことを言われたら、ちゃんと言い返していい。

人の気持ちを思いやるように、
自分の気持ちも思いやってあげて欲しい。

32 職場で雑談に入れなくてつらい

職場で自分だけが雑談に入れず、浮いてしまってつらいというお悩みを頂いた。

自分も完全にそうだったからわかるのだが、職場でみんなが仲良くしゃべっている中で、自分だけが会話に入れないとなぜか焦るし不安になるよね。

でも、そもそもどうして雑談なんてしなければいけないのだろうか（真顔）。

職場は仕事をするところであり、働いた分の対価をもらいに行くところ。必要最低限のやるべきことさえやっていれば、それ以上の、例えばみんなで仲良くおしゃべりしなきゃいけないなんて決まりは本来ない。

それに、自分も派遣の仕事を合わせて10社以上の会社で働いてきたが、会社を辞めたらほとんどの人が二度と会わない。

ぶっちゃけ職場での人間関係なんて、自分にとって身近な家族や友人と比べたら全然大したものではない。辞めたらなんの関わりもない人だと思って、深刻になりすぎなくてもいいと思うよ。


職場での自分の存在なんて空気でいいや〜。

33 職場で自分の陰口を聞いてしまった

職場でも学校でも陰口を言う人って必ずいるよね。

人間だから当然好き嫌いはあるし、10人いたらそのうち2人には嫌われてしまうという人間関係の法則もあるらしいし、何かのコミュニティに属していたら、必ず誰かに嫌われてしまうのはもはや仕方がないことなんだと思う。

でも、自分の悪口を直接聞いてしまったら、やっぱりその瞬間は落ち込んでしまう。

そんな時は反射的にこう思って欲しい。

「自分のいないところでコソコソ陰口言っちゃうほど、自分のことが気になって仕方ないのね〜。存在感放っちゃってごめんなさ〜い（自画自賛）」

悪口は言われてる方が主役であると、YouTuberの人が言っていたけど、本当にその通りだと思う。だってその人がいないところでわざわざ話題にあげちゃうほど気になって仕方ないってことなんだから。気にさせちゃってごめんね、なんなら夢中にさせちゃってごめんね〜と余裕の気持ちを持って、あなたの主役街道を進んで欲しいです。


相手に直接言うこともできない臆病者のことなんて気にしなくていいですよ〜。

34 やらなくてはいけないのに頑張れない

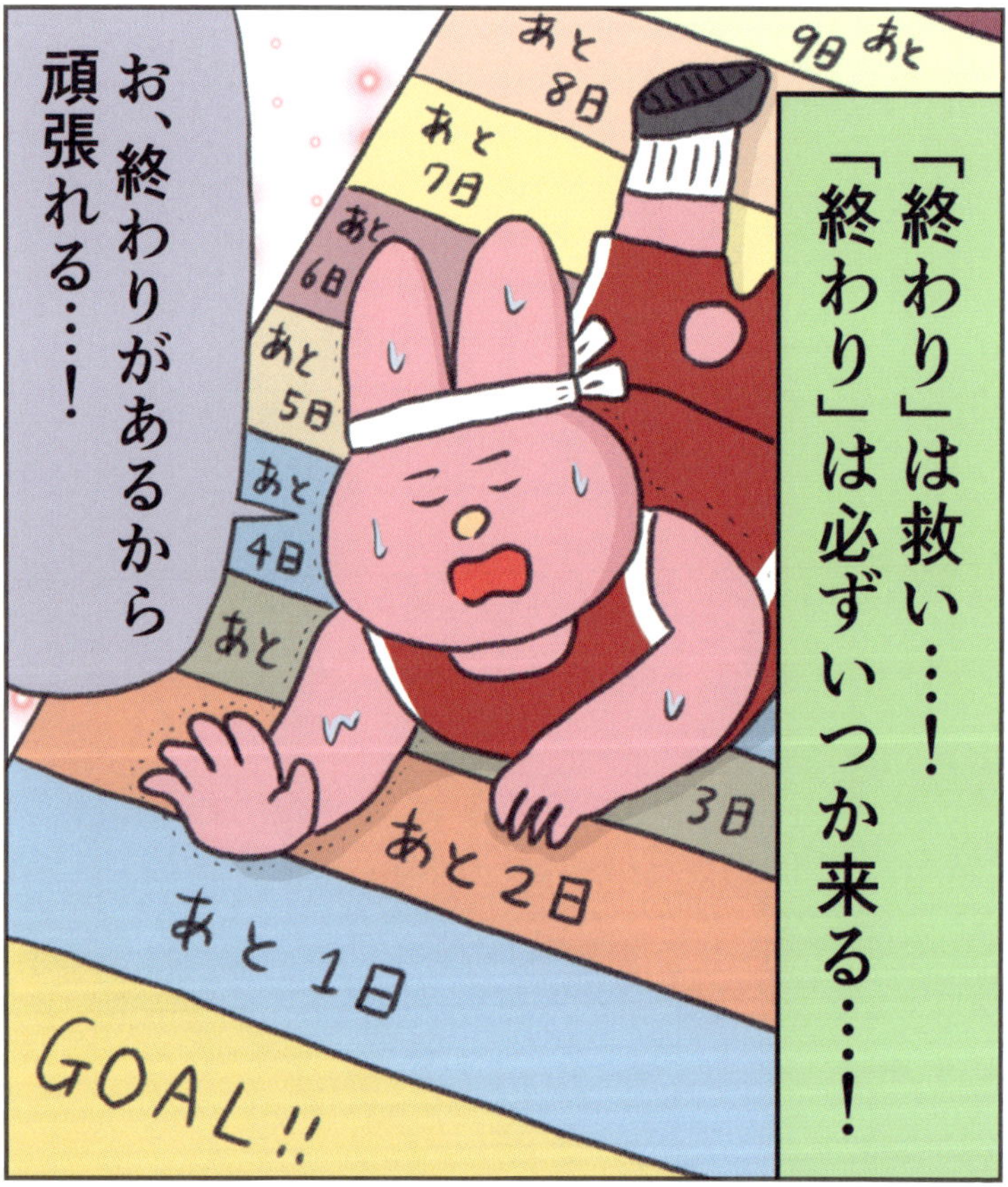

高校生の方からこんなお悩みを頂いた。気を引き締めてやるべきことをやらなければいけないという気持ちと、自分を甘やかしたいという気持ちが半々で、どうやって頑張ればいいのかわからなくなってしまう時がある。とのこと。

わかる、頑張るのって面倒くさいよね。自分はうつになった経験もあるから、頑張りすぎてしまう人にあまり頑張らないでねと言うようにしている。でも、人生って頑張らなきゃいけない場面も実は何気にたくさん潜んでいるから、その見極めって難しい。

しかし、自分は腑抜けた大人であるのに対し、質問者さんは高校生。学校って実はある意味わかりやすい。だって数年行けば卒業というシステムになっているし、部活動も定期テストも、頑張る期間は限られていて、いつか「終わる」という区切りがある。

終わりがあるのは、実はすごくいいことだ。だって、逆に考えるとその期間だけ頑張ればいいのだから。頑張る時間は苦痛であるが、必ず終わりが来る。終わった後で自分を存分に甘やかそうと思って、その期間だけでも頑張ってみるのもいいかもしれない。

終わりをイメージできない時は、具体的に数字として逆算すればいい。
あと何日、あと何時間で終わるから、その間だけ頑張ろう〜って。

憧れの仕事に就いたのに楽しくない

35

憧れの仕事に就いたのに、自分の居場所がここではないような気がして苦しいというお悩みを頂いた。

仕事の理想と現実ってある。しかも実際に働いてみないとわからなかったりする。

自分も憧れていた出版社に入ったものの、すぐにうつになって辞めてしまった。ずっと憧れていた仕事だったのに簡単に辞めていいのだろうかと、当時は随分悩んだ。

でもその時、自分が無理をしてでもその環境に居続けるほどのメリットはあるのだろうか、と真剣に考えてみた。

続けるつらさと、辞めた後のつらさは何なのかを具体的に書き出してみたのだ。そして、自分基準の天秤で測ってみる。自分の場合は、仕事を辞めた後のつらさより、職場にいることのつらさの総量がまさっていると感じたので、最終的に辞める決断ができた。

迷った時こそ、メリットとデメリットを冷静に書き出して比較してみる。自分基準の天秤で測るの、おすすめです。

そもそも憧れだった仕事に就けたこと自体がすごいこと。
その事実は変わらないのだから、むしろ誇りに思って欲しいです…！

36 「やりたいこと」と「求められていること」が違う

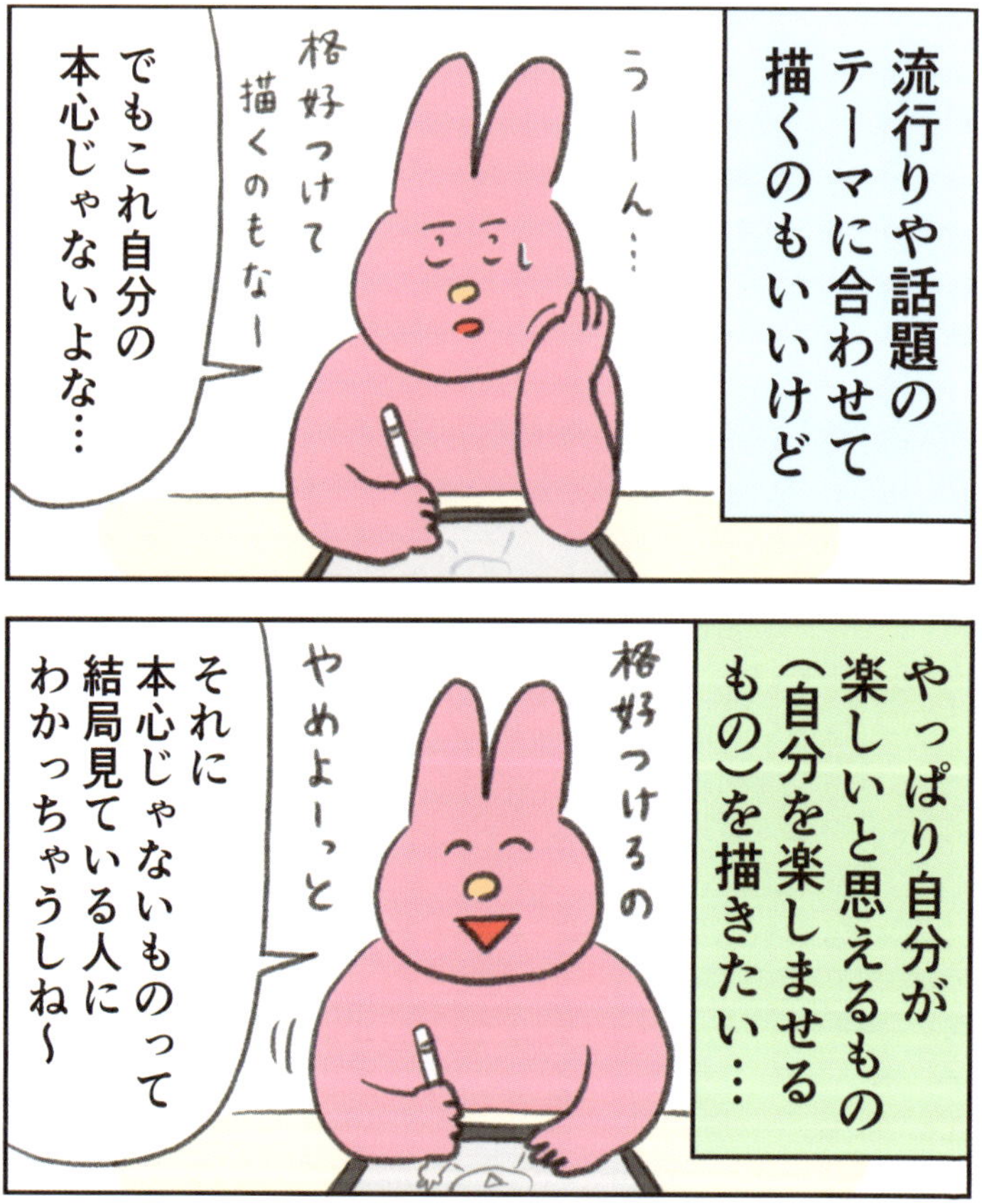
流行りや話題のテーマに合わせて描くのもいいけど
う〜ん…
格好つけて描くのもな〜
でもこれ自分の本心じゃないよな…
やっぱり自分が楽しいと思えるもの(自分を楽しませるもの)を描きたい…
格好つけるの
やめよーっと
それに本心じゃないものって結局見ている人にわかっちゃうしね〜

自分は主にメンタルの悩みに関するイラストを描いて、それをSNSで発信しているのだが、最近その内容に迷いを感じるようになってきた。

というのも、自分が描きたいものと、SNSで反応がもらえるものとの間に、微妙な乖離を感じるようになったからだ。

SNSに力を入れて発信していると、大体どういったものに反応がつきやすいのかが感覚的にわかってくる。ただ、そのテーマで、今自分が本当に描きたいかといったら、きっと違うのではないかと思うようになってきた。逆に言うと、自分が今本当に描きたいものを発表したら、反応がもらえないんじゃないかと思ってしまい、発信の内容を躊躇することが多くなってしまった。

でも、自分が面白いと思えないものを描いていると結局自分がつまらない。

それに、つまらないと思うとそもそも続けられない。続けるためにも、やっぱり自分が面白いものを描いた方が最終的にはいいんだろうなと思う。

自分は何を面白いと感じるのかを今一度考え直している。
結局、創作は自分が楽しむことが一番だと思う〜。

37 親に心配をかけたくなくて仕事を辞められない

自分がうつで二度休職していた事実を
(おそらく)知っているのにあえて
その話を全くしない母…
アハハー
まぁ、人生、
いろいろ あるよねー
アハハー
ズキズキ
感謝と罪悪感で
いまだに胸がきしむ…

今の仕事が自分に合わず、心を病みそうになっている。でも、専門学校に行かせてくれた親のことを思うと今の仕事を辞める決心がつかないというお悩みを頂いた。

自分もうつで二度目の休職中、親に心配をかけたくないという気持ちから、親には毎日楽しく働いているとずっと嘘をついていた。

でも、後々バレてしまった。さらに嘘をついていた分、余計に親を悲しませてしまった。だからできるだけ嘘をつかず本当の気持ちを伝えた方がいいと思う、正論としては。

でも、である。親とはいえ、違う人間。事情や感情、全てをわかってもらうことは不可能だし、全てを正直に話さなきゃいけないなんてこともないと思うのだ。

それに、親にとっての幸せって、子供である質問者さんが幸せに過ごしていることなんじゃないだろうか。今がつらく、幸せでない環境でいるのなら、親の問題は一旦置いておいて、どのような選択をしたら自分が快適に生きられるのかを一番に考えた方がいい。それが親御さんにとっての幸せにもなるんじゃないかなと勝手ながら思います。

自分の幸せを考えよう…！
それが結局は、周りの人にとっての幸せにも繋がると思う～！

38

仕事を辞めたいが「もったいない」気がしてしまう

新卒で入った会社を辞めた時に言われた
え～もったいな～い
「もったいない」という言葉がずっと引っかかっていた
でもそんな言葉真に受けなくてよかった
♪～
辞めた後の自分の方が好き～
自分の人生の価値を決めるのはいつも自分だしね～

今の仕事は明らかに自分に合っていないと頭ではわかっているものの、周りからもったいないと言われてしまい、辞める決心がつかないというお悩みを頂いた。

ほんと、「もったいない」って、呪いの言葉ですよね……。

食べ物や、物を大切に使おうといった意味での「もったいない」ならわかるけど、人の人生にたやすく「もったいない」と口を挟む人って、一体どんなご身分なんだろうと正直思ってしまう。自分の人生に、その人は責任をとってくれるのだろうか。

大切なのは、過去ではない、「今」の自分がどう感じているかだと思う。

サンクコスト効果という言葉もある通り、合わない仕事を我慢して続けるより、過去は過去としてキッパリ割り切って次に進んだ方が自分にとって利益になる場合はある。

それに本当にもったいないのは、「もったいない」という言葉に縛られて、行動に移せないことかもしれない。やってきたことは次に活かせるし、どんな経験も財産。「もったいない」なんて人の言葉を真に受けすぎなくてもいいと思う。

時には周りの人の言葉なんてガン無視して、
自分の直感に従うことも大切！

ほとんど悩まない同僚を見習いたい

39

過去に働いていた会社で、すさまじくメンタルの強い同僚がいた。

彼は同期であったのだが、彼の働く営業部にはネチネチ説教をたれる陰湿な上司がいて、その上司の厳しさから心を病んでしまった先輩社員も複数いたほどだった。

でも、その同期は毎日飄々と働いていた。むしろ楽しそうに見えた。一体どうしてだろうと、一時期彼を観察してみることにした。そしてわかったことがあった。彼は大のゲーム好き。彼曰く、ゲームをするために働いている。家に帰ったらゲームをするのが一番の楽しみで、ゲームに熱中するあまり次の日には嫌なことも忘れているらしい。

趣味の力ってすごい。もちろん、彼のような図太さは生まれ持った才能もあると思うけど、熱中できて、それをしていたら嫌なことも忘れてしまうほど、自分の好きなものに出会えること自体がすごく幸運なことだと思う。

メンタルを強くするノウハウはたくさんあるけれど、答えは案外シンプルなのかもしれない。それは、熱中できるものを見つけること。好きなものは自分を強くしてくれる。


もっと欲を言えば、好きなものや、熱中できるものはたくさん持っていた方がいい。心の依存先は複数あるに越したことはない……！

この章では、自分の性格に関する悩みや、病気の家族との向き合い方など、最近悩んだことと、その悩みに対してどのように考えているかを書いてみました。

解決できたり、できなかったり、今も答えを探していたり、もしくは答えなんかそもそもなかったりしますが、一つでも共感して頂けることがあれば嬉しいです。

Chapter

3

自分

40 ダラダラすることに罪悪感を抱いてしまう

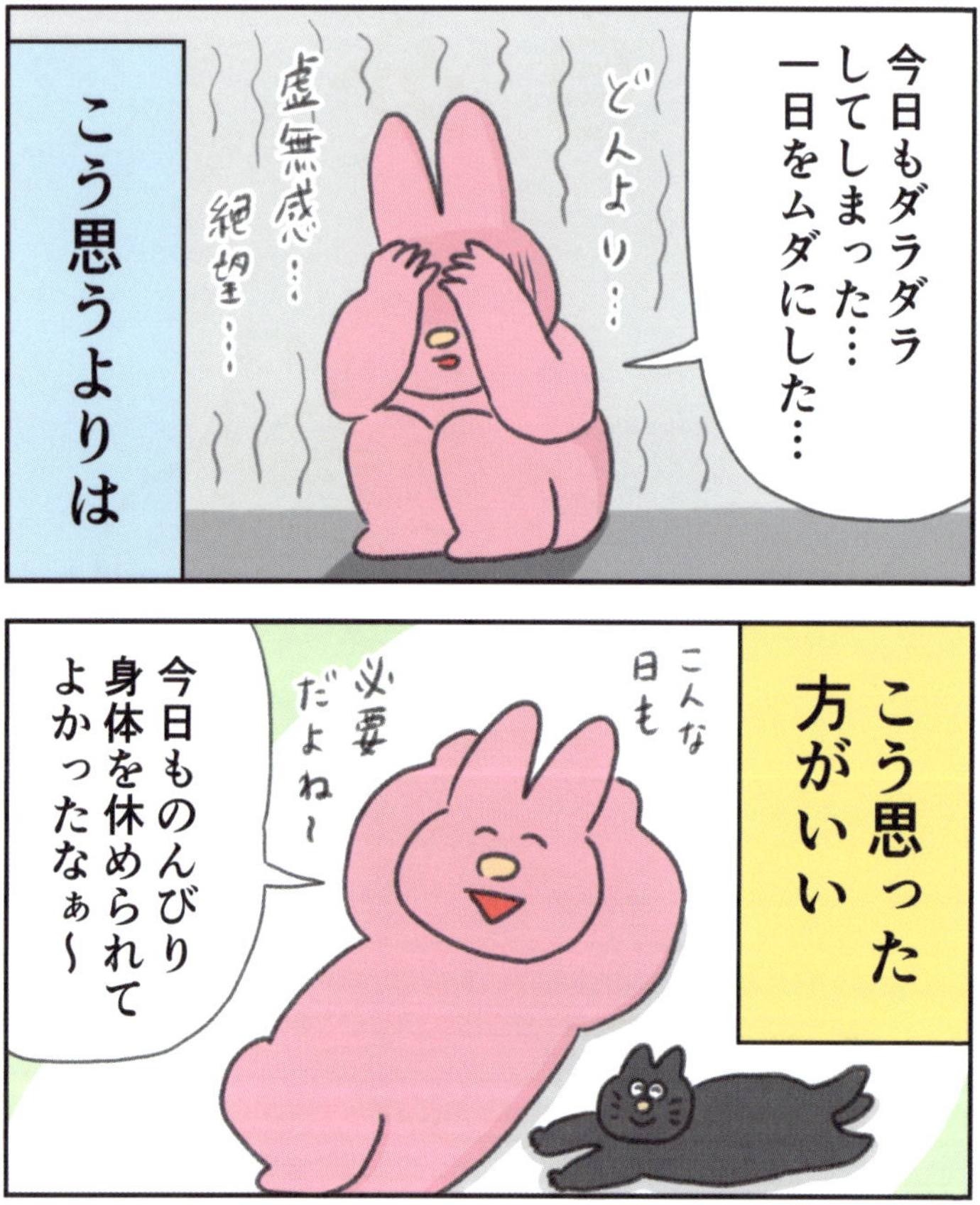

ダラダラすることに対し、なぜか心から楽しめない時がある。一日をムダにしてしまったような気持ちになってしまう。

これは、真面目で勤勉なタイプの人ほどそう思うのではないだろうか。

実は、自分も昔はそうだった。一日を有意義に過ごさなければいけないと思い、休みの日も何かと用事を作って忙しくしていた。

でも自分の場合、うつになって会社を休職してから考え方がガラリと変わった。

必ずしも「ダラダラすること＝無意味」というわけではないし、生きていれば思いっきり休むことだって必要な時もある。それは明日を生きるための元気の充電になる。むしろ自分の未来にとって有益なことであると、休職をした経験から思うようになった。

それにせっかく休んでいるのに、罪悪感なんて抱いてしまったら心からゆっくり休めない。休むことは未来を生きるための力になる。どうせ休むなら、自信を持って、堂々とダラダラ過ごしたい。

ダラダラしてしまった…と落ち込むよりも、ダラダラできていい一日だったな～、のんびりできて身体も喜んでいるな～と思いたい！

41 わかってもらえなくてつらい

自分がうつで休職した時の体験漫画『うつ逃げ』を描いた時、Yahoo!のコメントでは、甘えだの、逃げだの、ぜいたくだの、そりゃもう、いろんなことを言われた。

自分は会社員時代、うつと適応障害から休職してしまい、その罪悪感から苦しい思いをしたのだが、休職をしたことで自分の人生を前に進めることができた。だから、もし同じような悩みを抱えている人がいたら、休むのは悪いことじゃないと伝えたかった。

でも、伝わらなかった。むしろ批判された。悲しかった。と同時に、こう思った。

「そもそも批判してくるこの人たちに向けて自分は漫画を描いたのか?」と。

甘えだなんだと一言で片付けられてしまう人たちは、うつになり、自責思考に囚われて、どうすることもできなくなってしまうような経験をしたことがないのではないか。

わからないものは仕方がないし、そんな経験なんかして欲しくない。でも、ただ一言、批判で終わらせるような人たちに、わざわざわかってもらわなくていいと思ったのだ。

その代わり、たった一人でも自分が届けたい人に届いたらいい。そう思うようにした。

フォロワーさんの「批判だけしてる人って実際に何もしてくれない人じゃないですか」という言葉も響いた。

42 心の老いを何とかしたい

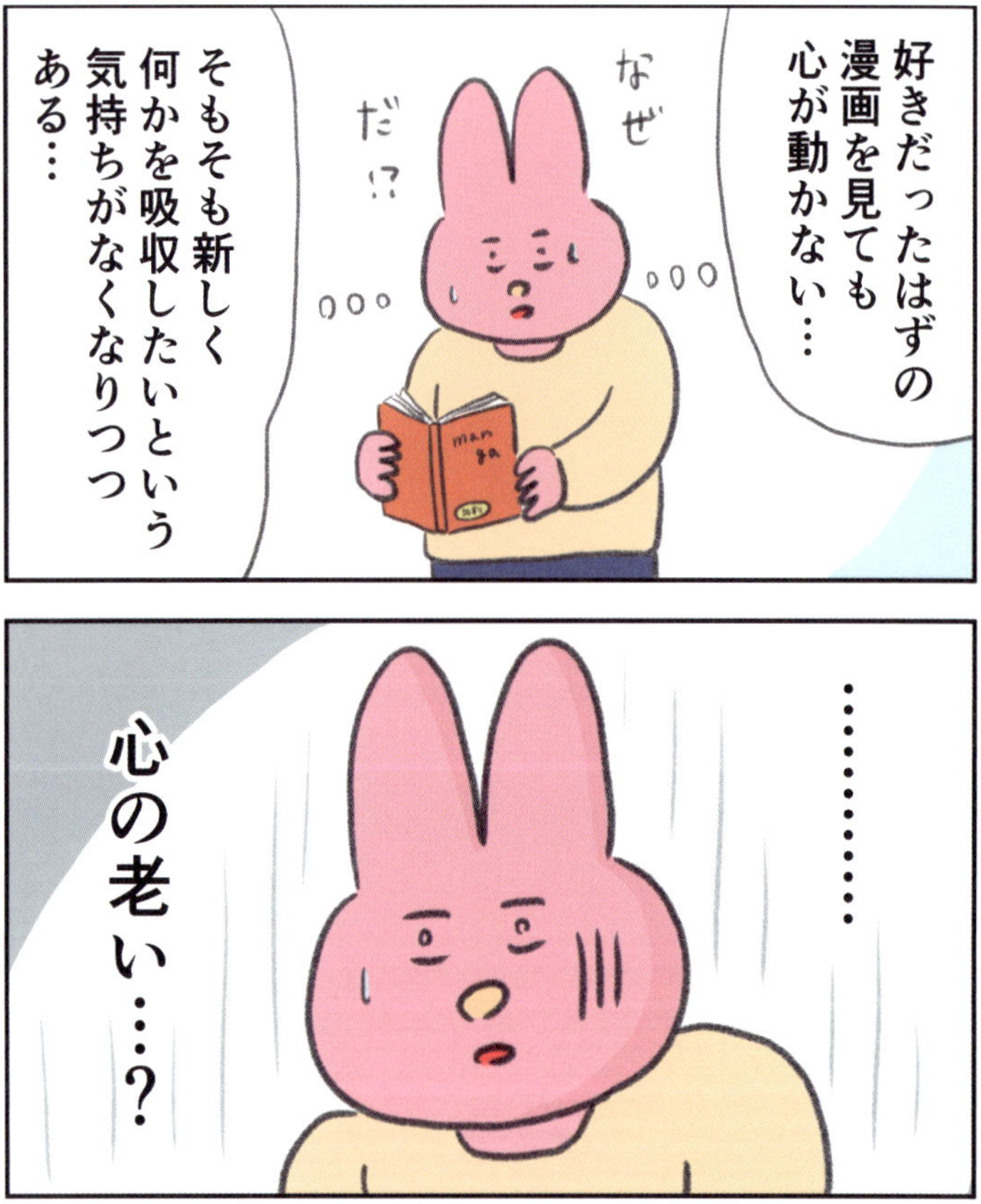

最近の自分の悩みの一つに「心の老い」というのがある。

先日、特に何もやることがなかったので、久しぶりに漫画でも借りようとTSUTAYAに立ち寄ったのだが、そこで20分くらい立ち尽くしてしまった。

というのも、流行りの漫画コーナーを見ても、心が動かず、何を借りればいいのかわからなくなってしまったからだ。

以前の自分は漫画が大好きで、TSUTAYAに行くたび、読みたい漫画が多すぎて困るほどだった。でも今は、読みたい漫画がなくなってしまって、そんな自分に驚いた。

当たり前だが、置いてある作品はどれも素晴らしい。あくまで自分の問題である。自分の心が、新しいものを受け入れられなくなっているのだと感じた。

漫画に限らず、ドラマも、音楽も、新しいエンタメを徐々に受け入れられなくなってきている。肉体だけではなく、心の老いを自分に感じて、妙に悲しくなってしまった。

でもそういう時は、無理に焦らないのが一番。きっとまた楽しいと思える時が来る。


心が動かない時って、単純に身体が疲れているだけだったりする。

そういう時は、休むべし…。

43 一日中、何をやってもうまくいかない

まるで神様に見放されたみたいに何をやってもうまくいかない日ってある。

さっきまで晴れていたのに、自分が外に出た瞬間、急に雨が降りだしたり、間に合いそうだった電車にギリギリで乗りそこねてしまったり、通りすがりの人にいきなり肩をぶつけられたり……。なんでこんなに自分ばかり不運なんだろう、なんでこんなに何もかもがうまくいかないんだろうと、絶望したくなる日ってある。

そういう日は、ついネガティブな感情に浸って落ち込んでしまいがち。でも、いっそのこと逆転の発想をしてみるといいかもしれない。

「むしろ、そんな大変な中、今日も生き抜いた自分、すごくない……?!」って。

うまくいかずに絶望しそうになったら、むしろ自分を褒め称える思考にシフトチェンジする。こんなうまくいかない日なのに、やり過ごした自分は偉いって。

なんなら、特別に美味しいデザートなどを買って、ついてないのに頑張った自分へのご褒美デーにしてもいい。ついてない日こそ、自分にとってのご褒美チャンス！

ついてない日こそ、それを乗り越えた自分は天才だな～！って思っとこっと。

44 漠然と未来に対する不安を感じてしまったら

むしろ最近ではAIを仕事にうまく取り入れるようにしている
いざ使ってみるとすごく便利…!!
自分が苦手な背景の絵を補ってもらおうっと…!

最近、謎に落ち込んでいた。

特にＡＩなどのテクノロジーの発展によって、従来の仕事がなくなっていくというビジネスの未来を語る情報に触れた時、なんとも言えない暗い気持ちになってしまう。

自分はイラストや漫画を描いて暮らしているので、自分の仕事もいつかなくなってしまうのかもと考えて、未来に対して漠然と不安な気持ちになってしまったのだ。

自分は不安になりやすい性格なので、不安になる対象の情報は一切入れず、あえて踏み込まないようにしていた。でも、それもちょっと違うよなと思うようになった。というのも、いくら不安になるからといって、その対象から線を引いてしまうと、ますます時代に乗り遅れてしまうし、自分の可能性を狭めてしまうから。

未知のものが怖いのは対象に関する知識がないことが原因だったりする。新しいＳＮＳも新しいアプリもとりあえず取り入れてみるって意外と大切。そこで新しい気付きもあるし、実際に触れることで知識を得て、そもそもの不安も軽減される。


不安だから見ないと新しいものを遮断するよりも、一旦取り入れてみることって大切。意外と便利だったり楽しかったりする…！

45 不安な時に気持ちを切り替えるには

前のページでは、不安な気持ちになってしまった時の考え方を書いたが、ここでは自分が不安な気持ちになった時に、実際にやっていることをいくつか紹介したい。

①お風呂にゆっくり浸かる

わーっと不安感が襲ってきた時は、とりあえず別の行動に移ることが大事。その一つとして、お風呂に入ることをすすめたい。不安な時は、大体呼吸が浅かったり、身体が冷えている時が多いので、好きな入浴剤を入れてゆっくり湯船に浸かるようにしている。

②お笑いの動画を見る

とりあえず笑えるものを見る。今は、YouTubeでもお笑いの動画がたくさんあるので、自分も好きな芸人さんのチャンネルを登録してまとめて見るようにしている。

③猫に触る

飼っている猫を触るようにしている。ふわふわなものを触ると、オキシトシンという幸福物質が出るらしいし、実際、落ち着く。ぬいぐるみでもいいらしいよ。

目の前の猫ちゃんはこんなに可愛いのだから…！
不安がっていたらもったいない！

46 自分なんて価値がないと思ってしまう

すごいって言われたい
人から褒められたい
みんなから「いいね」されたいから
流行りのカフェで写真撮ろう〜
他者から
どう見られるかを
基準に生きていたら…
自分の本心が
わからなくなっていた
でも それって
なんのためなんだろう
自分は何が好きで
どうなりたいんだっけ

周りと比べて自分には価値がないと思い、落ち込んでしまうというお悩みを頂いた。

自分も会社員だった頃、仕事で失敗続きの自分に対し、美人で仕事もできて人気者の職場の先輩を見た時、あ、自分って価値がないんだなと落ち込んだことが何度もあった。

でも、後から振り返って思うのは、あの時悩んでいた「価値」ってなんだろうということ。結局、価値って相対的なもの。いくら高いブランド物の時計があったとしても、本当に自分がその時計のデザインを好きなのかは別問題。他人や世の中が決めた基準に比重を置いてそれに従っていると、本当に自分が欲しているものがわからなくなってしまうし、価値を感じる対象が外側にあり続ける限り、ずっと追いかけ続けなければいけない。そんな満たされないレースに参加し続けるのって、やっぱりしんどい……。

それよりも、自分が好きか嫌いか、やりたいかやりたくないかを基準にした方がいい。

人と比べて自分の価値を推し量るのではなく、例えば今日も自分が食べたいものを食べて、自分なりの幸せを感じることができたら、それこそが大いなる「価値」だと思う。


他人と比較する必要のないくらい、自分の好きなことや熱中できるものを見つけてみるのもいいかも…！

47 年末になると気分が沈んでしまう

ちょうどこれを書いているのは12月の終わり。

空は薄暗く、外は冷蔵庫の中にいるように空気が冷たい。なんだか心まで物さびしい。

自分は冬になると「冬季うつ」という季節性の気分障害が発症してしまう。

特に年末が近づくにつれて、今年も一年が終わるし、人間はこうやって一つまた歳をとっていくんだなと思うと、外の暗さも相まって、暗い気持ちに拍車がかかって止まらなくなる。

とはいえ、自分も冬季うつとの付き合いがもう10年以上になるので、さすがに自分の体調に対する傾向と対策がわかってきた。

例えば、できるだけ12～1月の間は仕事を無理に入れない。あと、心が明るくなるようなお笑いライブのチケットをとる。そして毎年1月の初めには、暖かい南の方に旅行に行くなどの予定を事前に立てておく。

楽しみができるし、心の沈没を防げる。これで冬季うつをやり過ごすようにしている。


この時期のために、体が温まる入浴剤や季節限定のお茶などを買いだめしている。せっかくだから冬ごもりライフを楽しもう～。

48 イライラしてしまった時は

まるで自分にばかり不幸が集中しているような気になって、ついイライラしてしまう。でもいつまでもイライラしていたら周りに気持ちが伝染するし、何より自分が楽しくない。どうすればイライラした気持ちから抜け出せるのか、自分もいろいろ試してみた。

自分の場合、一番効果があったのは、部屋の掃除を始めることだった。

普段は掃除が苦手なのだが、イライラしたり、落ち込んだ時は、とりあえず掃除を始めるというルールを作ってみた。すると気持ちが切り替わるし、部屋もきれいになって一石二鳥。なんだか得したような気にさえなってくる（笑）。

イライラしている時って、一つのことをずっと考えてしまい、視野が狭くなりがち。そんな時に別の行動を始めると、思考のスイッチも切り替わるし、イライラも解消される。むしろ掃除をするきっかけをくれてありがとうという前向きな気持ちになれる。

掃除でも、運動でも、買い物でもいい。イライラしてしまった時こそ、そのエネルギーを有効活用できるようなプラスになる行動ルールを作っておくの、おすすめです。

自分は時々、一人カラオケに行ってます…！（笑）
歌ってストレス発散！

49 やろうと決めたことが続けられない

日記を書こうと決めたのになかなか続けられないというお悩みを頂いた。

自分も「ポジティブ三行日記（その日あったいいことを三つ書き出す日記）」という、自己肯定感が上がると言われる日記を書いているのだが、やはり書くのが面倒くさい日もある。どうすれば自分も継続できるかと試してみたことがあった。

意外にも自分的に一番効果があったのは、道具を揃えることだった。それも、心がときめくような可愛い道具である。

例えば、日記を書くのであれば、普段使うノートよりもちょっと高めの可愛いノートにする。さらに、日記を書く時のペンを好きなキャラクターのものにする。日記用のキラキラしたシールを買う、などだ。

女子小学生のようだけど（笑）、案外こういうことが大事だったりする。日記に限らず、筋トレも料理も、それを使うことで自分が楽しいと思えるような道具を揃えるってすごく大事。続けるためには、結局自分が楽しむことが一番だからね。

自分のテンションを上げるためにも、道具はできるだけケチらず、いいものを使うって案外大事…！

50 人の目を気にして、やりたいことができない

人の目を気にして、やりたいことができない時がある。

先日も、自分が関わった仕事の紹介をするつもりが、これを言ったら嫌味に思う人もいるかな？　などと、つい人の目を気にしすぎて、結局何も言えなくなってしまった。

でも、そんな自分とは対照的に、常に自信に満ち溢れている友人がいる。

彼は漫画家志望で、漫画を何十年も描いているのだが、まだ商業的にはデビューしていない。でも彼はいつも前向きで「自分の可能性はすごい。自分が勝負しているのは世界である」と会うたびに大きな夢を語っている。

正直、びっくりする。特に謙虚であることを美徳とされてきた自分のような世代の人間からすると、いくらなんでも自信ありすぎ、と思う。

でも、人生は一度きりである。どうせなら自分のやりたいことを心から肯定したい。たとえ他人から厚かましいと思われても、自分のやりたいことに対してまっすぐ取り組んでいる人は眩しく見える。自分も友人を見習いたい。


気にしすぎる人ほど、むしろ意識的に厚かましくなろう…！（笑）

自分の好きなものがわからない

51

昔は天邪鬼で
流行りや人気のものを
あえて遠ざけていたが
(要はスカしていたのだが)

自分はちょっと…
流行り
&
人気

今流行っているものは
とりあえず見てみる
って意外と大事だなと
思うようになった

時代のこともわかるし
人気のものほど
コンテンツの供給も多く
日々の楽しみになる

SNSで
ファン同士の
交流もできる
更新が
楽しみだ
なあ〜

ミーハーであるって
人生を楽しむコツだと
思うようになった

昔から、何か好きなものがある人がうらやましかった。

だって、趣味にしても仕事にしても、好きで熱中できるものがあればそれだけで日々を生きる糧になる。

一方、自分の場合は、心から好きだと思えるものがわからなかった。

好きかも、楽しいかも、と思っても、次の瞬間には、「だから何なのだろう」「これをやって何の意味があるのだろう」とすぐに冷静になってしまう。いつもどこか冷めていて、それが昔からある種のコンプレックスでもあった。

でもそんな自分でもハマれたものが、K-POPであった。

特にダンスである。彼らのキレキレのダンスを見ている瞬間は、ただスマホを見つめるだけの生き物になれる。意味も見返りも求めず、ただ心臓が熱くなる。あぁ、これが「好き」という気持ちなんだと思い、彼らを追いかける日々が楽しくなった。エンタメの力ってすごいなとも思う。人生に飽きてきた人ほど、ぜひ推しを見つけて欲しい。


ミーハーって馬鹿にされがちだけど、人生を楽しむ秘訣でもあると思うようになった…！

52 怒るのが苦手（1）

本当はモヤモヤするけど何も言い返せない…
モヤ〜〜
あの時なぜ自分はあんなことを言われたのか…!?
500000回くらい考えている
そんな時は…
心の中のギャル発動!
いや、フツーにムカつくっしょ!
だよな!?
きわめてシンプル!!

怒ることが苦手である。

厳密にいうと、人から傷つく言葉を言われた時、嫌だなと思っても、その瞬間に怒ることができない。怒りの瞬発力がないのかもしれない。一旦、気持ちに蓋をしてしまう。でも、しばらく時間が経ってから、なんであんな言葉を言われなくちゃいけないんだろうと、徐々に怒りの気持ちがわいてくる。そして、モヤモヤとした感情をずっと引きずってしまう。マイナス感情の負のスパイラルが続くし、こんなウジウジしている自分が嫌だなと思う。

いっそのこと、すぐに言い返せる人間になりたい。だって、自分の感情に蓋をしていると、いつか自分のことが信じられない人間になってしまう気がするから。

それに、自分が一番長く付き合う相手は自分である。せっかくなら自分のことを信じられる人間になった方がいい。そのためにも、自分が傷つく言葉を言われたら、ちゃんと怒りを表明できる人間になりたいと思うようになった。

怒るのが苦手な人は、心にギャルを飼ってでっかい声で「ムカつく〜！」と言わせてみるといい。すっきりするし、自分の本心を肯定できる…！

53 怒るのが苦手（2）

①嫌だなと思うことをされた
↓
②怒りの気持ちがわく
↓
③ちゃんと怒ってみた
↓
④でもそれによって相手が周りから批判される
↓
⑤それを見たら自分も落ち込み罪悪感を抱く
↓
⑥申し訳ない気持ちになる
↓
⑦でも自分は間違ったことはしていないと思う
↓
⑧でも申し訳ない
↓
⑨!?
!??
一体、自分は何をしたいんだ…？？？？！！
悩みすぎて寝込んだ…

自分は怒ることが苦手なのだが、ちゃんと怒るべき時は怒ろうと思う出来事があった。以前、X（旧Twitter）で自分の発言がまるパクリされるということがあった。しかもそのポストは、10万以上の「いいね」がついていて、何より嫌だったのが、そのパクった相手が、バズった発言を商材のようにしてフォロワーに配っていたことだった。本当に嫌だと思ったので、引用の形でそれを公開したら、相手に批判の声が集まった。自分は悪くない。でもそれを見ていたらなんだか申し訳ない気持ちになってしまった。自分が怒ったせい？　自分が悪いのか？　結論が出ないぐにゃぐにゃした感情に襲われて落ち込んでいた。すると、その様子を見ていた編集さんがこんなメールをくれた。

「生きていれば日常でも自分の怒りを表明しなければいけない場面があります。言いたいことがあるなら言わなきゃダメだと思いますよ」

これを見た時、ストンと言葉が心に入ってきた。主張すべき場面ではちゃんと主張しなきゃ。ちゃんと怒らなきゃ。優柔不断な自分は胸に刻もうと思った瞬間であった。

ちゃんと主張できたという過去の記憶は未来の自分を救うことにもなる。
あの時言えばよかった、と後悔する生き方をしないためにも…！

54 ルッキズムとうまく向き合うには

SNSが普及し、ルッキズム思想が強くなっているのをひしひしと感じる。

人間見た目ではない、中身が大事であると自分の世代は教育されてきたけど、なかなかそうは思えないし、そんなのきれい事だと思ってしまうのが本音である。

ましてや当たり前のようにSNSを使い、自分の顔写真を全世界に公開することが普通になっている今、そりゃ美容整形に走る若者が増えるのは仕方がないことだと思う。

自分も今まで本の中で何度も書いてきたが、整形は割と賛成派である。

むしろコンプレックスで悩んでしまうのなら、それを解消するために可能な範囲で美容整形を取り入れて、自分に自信を持つ人が増えて欲しいなとさえ思っている。

ただ整形は依存になってしまうことが多いし、ルッキズムに囚われすぎて心を病んでしまうこともある。追い求めすぎるとキリがないし、金銭的にも精神的にも自分の負担にならない上限を決めて、若い人にはルッキズムの世の中をうまく渡っていって欲しいなと思う。

自分もクマ取り手術を最近やってみた。
前よりもクマが目立たなくなったから、やってよかったなぁと思う~。

55 見返りを求めてしまう

SNS界隈では、自分の本が出版されたら、インフルエンサーなどに献本して本の感想を発信してもらうというPRをする人が多い。本の宣伝のために自分もやった方がいいと思うのだが、相手の手間になることを考えたり、逆にタダで読める読者とお金を払って読む読者を自分で選別しているようなモヤモヤした気持ちになったりして、自分にはできないと思い、自分の本の献本は自分の意思ではやらないようにしようと決めた（むしろ出版社さんの方で好きに選んで送ってもらうようにしている）。

ただ、人から本のPRを頼まれたら協力するようにしていた。

でも、これからはそれも控えようと思う。というのも、自分がPRに協力したのだから、相手も自分の時は同様にしてくれるだろうと心のどこかで見返りを求めるようになる気がしたからだ。なんで自分はやったのに相手はやってくれないのだろうと、相手を責める気持ちまで生まれそうで、そんな感情は抱きたくない。

もしやるなら、「自分がそれを好きだから」というシンプルな理由でやりたい。

「欲しければ相手に与えよう」というgive&takeの話も、見返りを求めている時点で本当の意味での「give」ではないんじゃないかな…。

病気に対する不安がひどい

56

自分は心配性なのだが、特に病気に対する不安がひどい。

健康診断のたびに、手遅れの病気だったらどうしようと悪い妄想ばかりしてしまい、震えが止まらなくなる。検査の結果を聞きに行くたび、緊張で具合が悪くなってしまう。

さすがにこんなに不安がっていたらこの先、生きていけないし、どうすれば病気に対する不安を軽減できるかと一度真剣に考えたことがあった。そして、この三つを意識するようにした。


「病気だったとしても、早くわかるに越したことはない」

「もし病気だったとしても、それがわかってから悩もう」

「検査が終わったら自分にご褒美を与えよう」


自分の場合、病院での診察や検査が終わった後は、いつも最寄り駅のデパートに立ち寄り、美味しいデザートを買うようにしている。検査中も、今日は何を食べようかと一生懸命考えているので、注射の痛みなども紛れるから一石二鳥……！(笑)

病気に限らず、問題は起こってから悩めばいいのよね…

(自分に言い聞かせ)。

57 過去の失敗をいつまでも引きずってしまう

娘さんの受験の失敗を引きずってしまうというお母さんからお悩みを頂いた。

自分の話をすると、子供の頃、ガリ勉で優等生を気取っていたのに、受験に見事に失敗したという過去がある。しかも合格発表の日は母も付き添いで来てくれていたので、ショックは倍々だった。でもそれ以上に、隣に立つ母に対しものすごく悪いことをしてしまったんじゃないかと不安と罪悪感の気持ちでいっぱいになったことを覚えている。

子供って意外と大人のことを気にしている。特に自分のせいで親に悲しい思いをさせてしまったんじゃないかという不安と後悔の記憶は、トラウマのように残ることもある。きっと優しい質問者さんは、お子さんにそんな思いをさせたくないんじゃないだろうか。

過去の出来事は変えられないが、未来は自分の意思で変えていける。お子さんのことを思うなら、取り戻せない過去を悔やむよりも、未来に向かって前向きに日々を過ごすお母さんの姿を見せることがきっと大事。どうかお母さんとお子さんにとって、明るく楽しい未来が待っていますように……！


悔しさは、これから先の楽しい未来のための良い踏み台にして欲しい…！

58 悩みをネットで検索して さらに落ち込んでしまう

ぐぅ
15分考えて答えが出ない悩みは
いったん考えるのをやめて今日は
とりあえず寝てしまおう…！
答えが出ないとわかることも
今日の一つの立派な「答え」
ぐぅ

悩んでいることがあると、そのことばかりを考えてしまい、ネットで悩みを検索することが止まらなくなってしまうというお悩みを頂いた。

特に悩みなどのネガティブな情報って、悩みが悩みを呼ぶというか、見ているうちにあれもこれも自分に当てはまっている気がしてきて、どんどん不安になっていくことってありますよね。悩みのループにハマっちゃうっていうか……。

自分もそんな時があるのだけど、そういう時は、悩む時間をあらかじめ決めて悩むようにしている。

例えばモヤモヤしている一つの悩みに対して、調べたり、考えたりする時間は15分までと一旦自分で先に決めてしまう。それで答えが出なかったら、その問題は今すぐに答えが出るものではないし、今の自分にはわからないものであると割り切るようにする。

そもそも感情が不安定な時に出した答えは、冷静さに欠ける分、正直当てにならないものが多い。答えが出ない時は決断を急がず、また別の日に改めて悩もう……！


焦って答えを出したとしても、翌朝振り返るとロクでもない考えだったりするからね…！（汗）

悲しみや不安を
無理に乗り越えなくてもいい

59

年末、父の癌が判明した。母からそれを聞かされた直後は電車で泣きながら帰省した。自分もショックであったが、母のショックはそれ以上で、今にも心が押しつぶされそうになっていた。そんな母を見ているのがつらかったし、娘である自分がしっかりして、何とかこの悲しみを乗り越えなくてはと、明るく、気丈に振る舞おうと努めていた。

でも、次第にそれもなんだか違うような気がしてきた。常に嘘の自分を演じているような違和感があったし、何よりそんな自分に疲れてしまっていた。

悲しみは、悲しみである。無理に蓋をしなくてもいいんじゃないか。

そう思って、一人になった時、試しに泣いてみた。声を出してワーッと泣いた。すると、張り詰めていた心が不思議と緩み、少しだけ軽くなった。これでいい。

いくつになっても、悲しいものは悲しい。つらい時こそ、無理に乗り越えたりしなくていい。悲しみも、つらさも素直に認めたい。弱い自分を受け入れよう。弱さ、上等。

そう心の中で言葉にした瞬間、大分ラクになれた。

悲しみも怒りも、等しく自分から生まれた感情。
少なくとも自分の中では認めてあげたい。

60 つらいことほど、深刻に捉えすぎない

父の癌がわかり、医師から余命を告げられた時は、心が窒息しそうだった。少しでも苦しさから解放されたくて、知識を得ようと、病気や死生観にまつわる本を読み漁った。でも真面目に向き合えば向き合うほど、皮肉にもますます息苦しくなった。そんな時、たまたま見たある芸人のトークに心を奪われた。その芸人は親の死をエピソードトークとして、時折り笑いを交えて話していた。正直、不謹慎だと思ってハラハラした。でも、面白かった。心が軽くなった。自分でもびっくりするような感覚だった。

ふと、私たちは死を厳かに捉えすぎているのかもしれないと思った。

何も大したことじゃない。いや、死は大したことだし、つらいし、不幸な死はあってはならないけれど、死自体を深刻に捉えすぎなくてもいいんじゃないかと思ったのだ。死はつらいし、苦しいけれど、いつか誰にでも平等に訪れるもの。厳かであるべきというシリアスな態度が、実はその渦中にいる人を余計に苦しめていることってある。つらいことほど、深刻に捉えすぎない。心に酸素が吹き込まれた。

真面目な性格の人ほど、真正面に向き合いがち。なるようになると受け流すことも大切だね。

61 心がギスギスしているように感じたら

突然カラオケ大会が始まった(in台湾)
人の目を気にせず自分の好きな歌をのびのび歌う姿、なんだかステキだなぁ…

年末から年始にかけて、父の病気がわかったり、震災や飛行機事故があったりして、世の中的にも個人的にも心が苦しくなることが多かった。

SNSを見ても、常に誰かが何かを叩きたいようなムードを感じた。大変な時だからこそのんびりいこうと発信したら「呑気なこと言ってる場合じゃない」と自分も怒られたりして、なんだか不満と怒りが伝染してくるような心が詰まる数週間を過ごしていた。

そんな時、台湾に行くことにした。行き先は、台湾の南の方の田舎町。暖かいし、空は夏のように広く青い。穏やかで、それだけで気持ちが嬉しくなった。

公園でぼーっとしていたら、おじさんたちがぞろぞろと広場に集まってきた。そして、カラオケ大会が始まった。観光客もちらほら通る。そんな中、素人のおじさんが大音量で好きな曲をのびのびと歌っているのを見ていたら、なんだか心がホッとした。

心も換気が必要だ。心が窮屈になったら、自分の置かれた場所から思いっきり自分を解放してあげるのもいい。心の風通しが良くなって、前より清々しい気持ちになった。

海外に行くと今ある暮らしが全てじゃないと思えるから、心がラクになれるね〜。

62 毎日は生存記念日

ぶっちゃけ人間として生きるのって、なかなかに大変だと思う。

だって、もともと自分の意思でこの世界に生まれてきたわけでもないのに、いきなり世界に爆誕して、いきなり資本主義という競争社会のスタート地点に立たされている。

そんな社会で生きるために、社会の一員としてルールを守り、学校に行って勉強して、労働してお金を稼いだりする。そうしないと家賃も払えないし、食べたいものも食べられない。ただでさえ大変なのに、突然事故や災害に巻き込まれたりもする。本当に容赦ない。なんなんだって思う。人間として一生を全うするのってなかなかに大変なことだ。

だからこそ思う。毎日、ただ生きられること自体がものすごく幸運なことだって。

生まれた日は誕生日というけれど、何も記念日は年に一度だけじゃない。

今日も無事に生きられたなら、それも記念日だと思いたい。

どうせなら、毎日自分を祝福しよう。

今日も、生きてておめでとう。今日も、生きててありがとう。


毎日、寝る前に自分を祝福しよう。

今日も生きてておめでとう～！

おわりに

最近、「昔と比べて強くなったね」と言われることが増えた気がする。

正直、自分としては全くそんなことはない。昔と変わらず落ち込む時は落ち込むし、悩みの種類は違えど悩みの数は変わらない。自分の内面は何一つ変わっていないのに、どうして強くなったように見えるのかと考えたら、それはひとえに、経験による「慣れ」から、心の「処置」が早めにできるようになってきたからだと思う。

当たり前だが、誰しも人生は一周目。若い時ほど、新しい困難や初めての失敗に出くわすたびに、それがさも一大事のように感じて、深く思い悩んでしまう。でも、年を重ねるごとに、あ、これ経験したことがある痛みだな、とか、前にも同じようなトラブルがあったな、とか、大変だったけど結局何とかなったな、といった数々の経験が自分の心を陰で支えてくれる。心が落ち込みすぎたり、悩みすぎる前に切り替える方法がわかってくる。要は、痛みに対して応急処置ができるようになる。そのスピードが早ければ早いほど、人には「強さ」として見えるのではないだろうか。

だから、一見「強い」ように見える人も、もともとの性格が図太かったり、決して鈍感だったりするわけじゃないんだなと思うようになった。人間ってまだまだ全然わからない。

今回の本を書くにあたり、X（旧Twitter）でお悩みを募集した。たくさんの方が個人的な悩みを書いて送ってくださって、ものすごく参考になった。感情移入して泣きそうになったり、悩んでいるのは自分だけじゃないんだなと思えて大きな力をもらえた。今回一番励まされたのは、何より自分自身だと思う。改めて、ご協力ありがとうございました。

自分がそうだったように、この本が同じような悩みを抱えている人にとって、悩んでいるのは自分だけではないと思えたり、少しでも考え方のヒントになればいいなと思っています。今の悩みが、10年後、あんなこともあったなぁと笑い話になっていると信じて。

それでは、また、どこかで……！

デザイン　岩永香穂（MOAI）
校正　東京出版サービスセンター
編集　森 摩耶（ワニブックス）

何《なに》やってもダメな日《ひ》だって生《い》きてるだけで偉《えら》いから

毎《まい》日《にち》は生《せい》存《ぞん》記《き》念《ねん》日《び》

著者　なおにゃん

2024年10月11日　初版発行

発行者　髙橋明男
発行所　株式会社ワニブックス
〒150-8482
東京都渋谷区恵比寿4-4-9　えびす大黒ビル
ワニブックスHP　https://www.wani.co.jp/

お問い合わせはメールで受け付けております。

HPより「お問い合わせ」へお進みください。
※内容によりましてはお答えできない場合がございます。

印刷所　TOPPANクロレ株式会社
DTP　株式会社三協美術
製本所　ナショナル製本

定価はカバーに表示してあります。

落丁本・乱丁本は小社管理部宛にお送りください。送料は小社負担にてお取替えいたします。ただし、古書店等で購入したものに関してはお取替えできません。

本書の一部、または全部を無断で複写・複製・転載・公衆送信することは法律で認められた範囲を除いて禁じられています。

©なおにゃん 2024
ISBN978-4-8470-7479-0